내 아이의 미래를 결정하는
가정 원칙
개정판

내 아이의 미래를 결정하는
가정 원칙 개정판

초판 1쇄 발행 2011년 10월 14일
개정 2쇄 발행 2018년 11월 20일

지은이 정정숙
펴낸이 한정미
디자인 디자인 su:

펴낸곳 카리스
출판등록 2010년 10월 29일 제406-2010-000097호
주소 경기도 파주시 탄현면 풍뎅이길 26-15 2F
전화 031-943-9754 팩스 031-945-9754
전자우편 karisbook@naver.com
총판 비전북 (031-907-3927)

값 13,000원 ISBN 979-11-86694-00-8 13230
ⓒ 정정숙, 2015

내 아이의 미래를 결정하는

가정 원칙 개정판

정정숙 지음

카리스

부모는 자녀의 삶에서 만나는 첫 번째 교사이자 인생 전체에 가장 결정적이고 중요한 역할을 하는 사람이다. 그렇기 때문에 부모는 자녀 양육에 대해 전문가가 되어야 한다. 잘 배우되 지엽적인 방법론이나 스킬보다 먼저 자녀 양육에 대한 원칙을 제대로 배우고 실천해야 한다. 그렇지 않으면 자녀들을 정서적으로나 영적으로 건강하게 키울 수 없기 때문이다.

나에게 부모가 가져야 할 '가정 원칙'을 처음으로 가르쳐 준 책은 20년 전 라이프웨이 출판사에서 출판된『은혜를 통한 자녀 양육(*Parenting by Grace*)』이다. 이 책은 엄마인 내가 실수를 줄이고 자녀를 보다 잘 키울 수 있도록 자녀 양육에 대한 기본 철학과 원칙을 세우는 데 도움을 주었다. 또한 교육자이자 상담을 하는 내게 있어서 수많은 부모들을 바른 길로 인도해 주는 길잡이 역할을 해주었으며, 본서의 집필에도 나침반 역할을 해주었다.

이 책은 자녀 양육에 대한 지속적인 연구와 1,000회가 넘는 강연, 그리고 두 자녀를 성공적으로 키워낸 경험과 15년 이상의 상담 사역을 통해 얻은 열매이기도 하다. 또 자녀가 태어나 성장해 가는 동안 나이에 따라 방법론은 조금씩 달라지겠지만, 변하지 않는 자녀 양육의 핵심 원칙만 뽑아서 책으로 엮은 것이다. 그러므로 이 책에서 제시하는 8가지 가정 원칙이 자녀의 미래를 결정하게 되리라 확신한다.

이 책에서 제시하는 8가지 가정 원칙이란 부모의 자녀 양육 스타일과 건강한 자긍심, 무조건적인 사랑과 효과적인 훈련, 좋은 습관과 행동 교정, 모범을 통한 교육과 즐거운 가족시간 등이다. 이 8가지 가정 원칙이 자녀의 성품과 영적·정서적 건강을 좌우하게 된다. 그렇기 때문에 이 원칙들은 자녀의 인생을 결정짓는 중요한 자녀 양육의 포인트라고 할 수 있다. 뿐만 아니라 가정 원칙은 자녀에게 문제가 생겼을 때 원칙으로 돌아가 무엇이 잘못되어 있는지 원인을 파악하고 문제를 해결할 수 있도록 도와줄 것이다.

이 땅의 모든 부모들은 자녀를 행복하고 성공하는 아이로 키우고 싶은 꿈이 있다. 그 꿈을 이루기 원하는 부모들에게 이 책을 선물하고 싶다. 부모들이 이 원칙만 잘 알고 실천해도 자녀의 정서적 발달과 영적 성장을 도울 수 있기 때문이다. 정서적·영적으로 건강한 아이로 키우는 일에 우선순위를 두게 되면 자녀의 지적 발달이나 사회성 발달은 자연스럽게 뒤따라온다. 이 8가지 가정 원칙을 통해 가정이 달라지는 것과 자녀들의 삶에서 분명한 변화를 보게 될 것이며, 자녀와 부모 사이가 확연히 달라짐을 느끼게 될 것이다.

차례 :

올바른 자녀 양육 스타일로
기초를 놓아라

기초가 튼튼해야 건물도 튼튼하게 세울 수 있다. 자녀 양육을 집 짓는 데 비유한다면 설계도에 따라 집을 지을 때 가장 먼저 하는 작업이 기초 공사다. 기초 공사가 잘못되면 부실 공사가 되고, 결과적으로 튼튼한 집이 될 수 없다. 그렇다면 자녀 양육이라는 집의 기초는 무엇일까? 그 기초석은 자녀 양육 스타일과 자긍심이다. 양육 스타일이 잘못되어 있다면 몇 가지 기술을 배워 이를 실천해 본다 해도 기초가 잘못되었기 때문에 부실한 공사가 될 수밖에 없다. 또한 건강한 자긍심을 심어주지 못하면 자녀 양육도 실패하고 말 것이다.

딸과 사이가 좋지 않은 60대 어머니가 상담을 받으러 왔다. 지금은 서른이 넘은 딸과 좋은 사이로 지내고 싶은데, 딸이 도무지 마음을 열지 않는다는 것이다. 전화를 걸어도 받지 않고 자신과 마주하는 걸 아예 싫어한다는 것이다. 가끔씩 이야기라도 할라치면 불손한 태도를 보이면서 무시하기 일쑤고, 딸의 신경질적인 반응에 상처를 입는다고 했다. 딸도 그동안 엄마가 자신과 가까워지려고 노력하는 모습이 부담스러웠지만 이제는 자신도 엄마와 불편한 관계를 청산해야겠다는 마음이 들어 상담에 응했다고 한다.

상담 내내 딸은 엄마와 눈도 맞추지 않았다. 사실 그녀의 엄마는 칭찬과 격려의 말보다는 잘못에 대한 지적이 다반사였고, 조금만 잘못해도 큰소리로 야단치던 무서운 존재였다. 매를 맞고 벌을 받은 적도 많았다. 딸은 그때부터 엄마를 멀리하게 되었다고 한다. 엄마 가까이에 있으면 야단을 맞을까 긴장하다보니 더욱 실수를 하게 되고, 실수를 하면 혼나기 때문에 엄마로부터 가능한 한 멀리 떨어져 있었노라고 고백했다. 그런 엄마 때문에 딸은 분노의 감정을 오랫동안 쌓아왔고, 그 분노는 사춘기가 되자 폭발적인 반항으로 나타났다. 그 후로 지금까지 딸은 엄마의 친절한 배려나 사랑도 거절해 왔다. 오히려 딸의 지속적인 거절 때문에 이젠 거꾸로 엄마가 상처를 받고 고통스러워하고 있었다. 권위주의적인 엄마와 딸의 가슴 아픈 사연이었다.

상담이 시작되자 어린 시절부터 엄마로 인해 받은 상처를 하나씩 들춰내는 고통스런 작업을 시작했다. 딸의 이야기를 듣기 전에 어머니에게 꼭 기억해야 할 사항을 일러두었다. 딸의 아픔과 상처를 치료하고 좋은 관계로 회복되기를 원한다면 아무리 힘들어도 딸이 이야기할 때 이해시키려고 하거나 설명하려 들지 말라고 했다. 또한 딸의 입장에 서서 이야기를 듣고 그의 감정에 귀를 기울여 공감하고 잘못된 일에는 반드시 사과를 하고 용서를 빌어야 한다고 말해 주었다.

그 어머니는 딸이 과거의 화난 기억들과 아프고 슬픈 상처들을 떠올리며 이야기를 하는 동안 사과하고 용서를 비는 작업을 계속했다. 이런 과정이 치료와 관계 회복에 과연 어떤 도움이 될 수 있을까 궁금해하던 그들은 시간이 지나면서 꼬였던 감정이 풀어지기 시작했다. 그리고 서로를 이해하는 자리로 조금씩 옮겨가고 있음을 깨달았다.

자녀 양육 스타일에 대한 강의를 하고 잠시 쉬는 시간에 의사 선생님 한 분이 다가와 한탄조로 말했다.

"제가 아들을 잘못 키웠어도 한참 잘못 키웠네요. 오늘 강의를 들다보니 제가 아들을 완전 방임주의로 키웠지 뭐예요. 저희 부모님은 저를 하도 엄하고 무섭게 키우셨기 때문에 부모와 정반대로 아이를 키우겠다고 결심했지요. 그래서 아들이 하자는 대로, 원하는 대로 다 해주었고, 의사결정의 자유도 많이 주었고요. 그러면서 아이가 잘 자랄 거라고 생각했고, 나이가 들면 제 일도 스스로 알아서 잘하리라고 믿었어요. 그런데 제 판단이 완전히 빗나갔습니다. 현재 아들이 고등학교 2학년인데 막무가내랍니다. 자기 마음대로 말없이 아무 때나 집을 나갔다가 들어오고, 질서도 없고, 부모 무서운 줄도 모르는 등 하여튼 제 마음대로예요. 저는 두 손 두 발 다 들었어요. 정말 후회스럽네요. 어떡하죠?"

방임주의 스타일 아빠의 고백이다.

부모의 자녀 양육 스타일은 크게 세 가지로 나눌 수 있다. 권위주의 스타일과 방임주의, 그리고 민주주의 스타일이 바로 그것이다. 이 장에서는 먼저 자신의 양육 스타일이 무엇인지 발견하고, 자신이 속한 양육 스타일의 특성을 알아보면서 만약 자신의 양육 스타일에서 문제가 있다면 어떤 스타일로 수정해야 하는지를 배우게 될 것이다.

권위주의 스타일

　권위주의 스타일이란 부모가 권위를 가진 자이기 때문에 '자녀는 부모의 권위에 순종하고 복종해야 한다'거나 '아랫사람인 자녀는 부모의 말에 거역해서는 안 된다'는 생각을 갖고 자녀를 양육하는 것을 말한다. 그런데 문제는 '부모에게 마땅히 권위가 있어야 하지만 권위주의적이어서는 안 된다'라는 사실을 제대로 알지 못하는 데 있다. 부모에게 주어지는 권위는 사랑과 모범을 통해 드러나는 것이지, 힘이나 강요, 매나 벌에 의해 주어지는 것이 아니기 때문이다.

부모에게 순종하는 자녀로 키우고 싶다?

　　　　　　　　　　　　　　　　　권위주의 부모들은 자녀를 무엇보다 먼저 부모에게 순종하고 부모에 대해 존경심을 가진 아이로 키우고 싶어 한다. 또한 자녀가 부모에 대해 경외심을 갖기 원한다. 여기서 경외심이란 부모에 대해 격이 없이 가까이하기보다 조금 어려워하는 대상으로 여기기를 바라는 것이다. 권위주의 부모는 체면을 중시하기 때문에 자녀가 다른 사람의 눈에 어떻게 비쳐질까에 대한 관심이 많다. 그런 이유로 자녀가 자신보다는 타인에게 책임을 다하는 자녀로 살 것을 강조한다.

　권위주의 부모가 주로 사용하는 훈련 방법은 잘하면 상을 주고 잘못하면 벌을 주는 것이다. 기분이 좋을 땐 '뇌물'을 주기도 한다. "네가 너무 잘했으니까 아무도 몰래 너에게만 주는 거야. 형한테 말하면 절대 안 돼. 알았지?" 하는 식이다.

　자녀가 말을 듣지 않으면 '협박'을 하는데 협박이란 실제로 행동에 옮기지는 않고 빈말만 하는 것을 말한다. "아빠 말 안 들으면 경찰이 널 데려갈 거야!" "엄마 말 안 들으면 장난감 안 사줄 거야!" 등 나이에 따라 다른 협박을 계속적으로 한다. 그러나 초등학생 정도 되면 협박이 더 이상 효과를 발휘하지 못한다. 엄마와 아빠의 말대로 된 적이 한번도 없다는 사실을 이미 알고 있기 때문이다.

　권위주의 부모는 자녀가 자신의 생각대로 따르지 않으면 화를 내고 고함을 지른다. 큰소리를 통해 자신의 권위를 지키고자 하는 것이다. 또한 권위주의 부모는 자녀에 대해 지나치게 요구 사항이 많은 것도 특징이다.

권위주의 스타일이 자녀의 불신을 낳는다

권위주의 부모

는 대체로 자녀를 통제하려 하고 지배하는 경우가 많다. 또 칭찬과 인정에는 인색하지만 잘못한 행동에 대해서는 지나치게 비판적이고 그 행동을 고치기 위해 집중된 관심을 보인다. 매우 엄하고 권위를 유지하는 수단으로서 주로 매나 벌 혹은 큰 목소리로 자신의 권위를 행사하는 경우가 많다. 이런 가정에서는 자녀가 어렸을 때에는 주로 부모의 목소리가 크게 들리지만, 자녀가 사춘기에 접어들게 되면 그들의 목소리가 점점 커지기 시작한다.

"왜 나한테 소리 질러요? 조용히 말로 하지?"

아이들도 짜증 섞인 투로 말하기 시작한다. 갑작스레 큰소리를 지르는 아이에게 충격을 받은 부모는 "어디 부모에게 큰소리를 질러? 어디서 배워먹은 버릇이야?"라고 주거니 받거니 하면서 악순환이 이어지게 된다. 자녀가 어렸을 때 부모의 목소리를 높이면 아이들이 말을 잘 듣는 것처럼 보이기 때문에 부모는 계속해서 자녀를 통제하는 효과적인 수단이라 여겨져서 소리를 높이지만, 실제로 큰소리를 지르는 것은 자녀의 감정만 상하게 할 뿐 별로 효과가 없다는 사실을 기억해야 한다.

부모와 자녀 사이에 보이지 않는 힘겨루기(power struggle)가 존재한다. 권위주의 부모는 자녀를 대신해서 직접 중요한 결정과 선택을 내리는 경우가 많다. 결과적으로 자녀의 의견은 무시되고

이에 따라 자녀는 부모를 향해 분노의 감정을 갖게 된다. 인격을 존중해 주거나 의견과 감정을 존중해 주지 않는다는 생각, 또는 상호 간에 대화나 이해가 결여된 상태에서 일방적인 명령과 복종을 강요받기 때문에 자녀가 분노를 품게 된다. 이렇게 분노의 감정을 계속 쌓아가는 자녀에게는 반항심이 생겨난다. 그래서 어린 시절에는 벌이나 매가 무서워서 순종하게 되지만 사춘기가 되면서부터 반항이 겉으로 드러나는 것이다.

부모가 논리적 · 합리적인 사고나 이성적 판단이 아닌 감정에 따라 행동하고 통제한다는 생각을 하게 되고, 사랑이 아닌 권위를 내세워 자신을 가르치고 훈계한다고 생각하기 때문에 불신하게 된다. 그래서 부모와 자녀 사이엔 찬바람이 부는 냉담한 관계가 형성된다. 자녀는 할 수만 있다면 부모와 먼 거리를 유지하고 싶어 하는데, 그 이유는 부모 가까이에 있으면 비난과 지적과 꾸중을 받는 경우가 많기 때문이다.

칭찬과 상벌이 자녀를 망칠 수 있다

권위주의 부모의 밑에서 자란 아이들은 어렸을 때에는 부모의 매와 벌 혹은 위협적인 말투와 큰소리가 무서워서 순종하는데, 매와 벌이 더 이상 무섭

tip 아이들이 거짓말을 하게 되는 주요 이유

- 잘못을 감추기 위해서
- 매나 벌을 받기 싫어서
- 꾸중을 듣고 싶지 않아서
- 사실을 알게 되면 부모가 실망할까 두려워서
- 당장의 급한 상황을 모면하기 위해서

지 않은 청소년기가 되면 불순종이 두드러지게 나타난다. 또한 거짓말하고 속이는 자녀가 되기 쉽다. 아이들이 왜 거짓말을 하는지 생각해 볼 필요가 있다. 부모인 우리가 거짓말하는 이유를 생각해 보면 아이들이 거짓말하는 이유도 쉽게 알 수 있다.

자녀의 잦은 거짓말 때문에 상담을 하러 온 엄마가 이렇게 물은 적이 있다.

"우리 아이는 참 이상해요. 정말 이해가 안 돼요. 나도 거짓말을 하지 않고, 아빠도 거짓말을 하지 않는데, 왜 이렇게 거짓말을 잘 하는지 모르겠어요. 우리 집엔 그런 사람이 없는 것 같은데, 혹시 선천적으로 거짓말을 잘하는 경우도 있나요?"

거짓말은 선천적으로 타고 태어나는 성질의 것이 아니다. 오히려 환경과 학습의 영향을 받아 생겨난 것이다. 사람들은 궁지에 몰리면 거짓말을 하게 된다. 아이들이 왜 성적표를 감추는가? 성적표를 보여주면 꾸중 들을 게 뻔하니까 그러는 것이다. 성적표를 부모 앞에 가지고 가면 혼나니까 찢어버리든가 잃어버렸다고 하거나 아직 못 받았다고 거짓말을 한다. 바꿔서 부모인 우리의 모습을 보자. 골프 치러 갔다왔다고 하면 아내가 싫은 소리를 할까봐 비즈니스 때문에 고객을 만나고 왔다고 거짓말한다. 쇼핑 다녀왔다고 하면 낭비벽이 심하다고 나무랄까봐 거짓말을 한다. "여보, 쇼핑 갔었어? 그 옷 참 보기 좋은데"라고 말한다면 왜 거짓말을 하겠는가?

또한 권위주의 부모 밑에서 자란 자녀는 고집이 센 경우가 많다. 강압적인 부모 밑에서 받은 영향과 더불어 부모가 자녀의 의사를 무시하고 일방적으로 선택하거나 결정해서 통보하는 것에 대한 불만으로 부모를 꺾어보고자 때로는 의도적으로 고집을 피우기도 한다. 반항은 분노하게 만드는 부모의 훈련 방법으로 인해 생겨난다. 또한 자기 마음대로 하려는 욕구와 독립심에 대한 열망이 강하게 발동하는 사춘기가 맞물리면 반항 증세가 더욱 강렬해진다.

권위주의 부모를 둔 자녀들에게 나타나는 또 다른 문제점은 '자기 훈련'이 되어 있지 않다는 것이다. 자녀 양육의 목표 가운데 가장 중요한 한 가지는 자기 훈련된 자녀로 키우는 것이다. 그런데 권위주의 부모들은 자녀를 '자기 훈련'된 아이로 키우지 못하는 경우가 많다. 왜 그럴까? 부모들이 사용하는 훈련 방법에 문제가 있기 때문이다.

권위주의 부모들은 주로 보상과 체벌을 훈련 방법으로 사용한다. 그런데 자녀가 잘할 때 상을 주고 잘못할 때 벌을 주는 것이 왜 문제가 될까? 일반적으로 아이들은 어떤 일이나 행동을 할지 말지를 결정할 때 나름대로의 기준을 갖고 결정한다. 먼저 보상이 있는지 없는지를 생각하게 되는데, 보상이 없는 경우에는 그 일을 하지 않으려고 한다. 그 다음으로는 벌이 있는지 없는지 생각하게 된다. 부모가 무섭기 때문에, 또는 벌이 무서워서 그 일을 억지로 해온 자녀들은 벌이 없을 때에는 그 일을 하지 않으려고 한다. 즉 부모가 없는 장소에서는 그 일을 하지 않는다는 것이다. 그래서 교회나 학교 혹은 제 3의 장소에서는 자기 마음대로 해보고 싶은 욕구가 발동해서 해야 할 일을 하지 않거나, 하지 말아야 할 일을 하게 된다.

자기 훈련이 효과적으로 이루어지려면, '상황이 어떠하든, 칭찬을 받든 받지 못하든, 부모가 있든 없든, 상벌에 상관없이 이 일은 내가 해야 할 일이니까 한다'라는 생각이 있어야 한다. 그런 생각을 갖고 부모가 원하는 행동을 반복할 때 자연스레 좋은 습관이 형성되는데, 권위주의 부모 밑에서 자란 자녀들은 그렇지 않다는 것이다. 자발적이기보다 상벌이나 꾸중과 협박이 예상될 때에만 바람직한 행동을 해왔기 때문이다. 이것은 치명적인 문제점이다.

권위주의 스타일이 부모 자녀 사이를 파괴한다

권위주의 양
육 스타일은 미국에서 1950년대까지 매우 유행한 스타일이다. 오
늘날에도 권위주의적인 부모 밑에서 자란 자녀들이 부모의 영향
을 받아 이 권위주의를 행사하고 있는 경우가 적지 않다. 부모의
영향력이란 실제 삶 속에서 자녀를 다룰 때 부모가 하던 방식대로
자기 자녀에게 행하는 것이다. 설령 민주주의 스타일이 바람직하
다는 사실을 알고 있다 하더라도, 실제 삶 속에서는 자신도 모르
는 사이에 부모가 했던 훈련 방식을 그대로 사용하는 것이다. 그
방식을 싫어하면서도 말이다.

한국에서는 1980년대 말까지 가장 흔하게 볼 수 있는 양육 스
타일이었다. 요즘 나이든 대부분의 부모들이 이런 권위주의 스
타일에 속한다고 보면 되겠다. 조선시대 이후 유교의 영향 아래
에 있었던 우리 조상들은 권위주의 스타일이야말로 가장 이상적
인 자녀 양육 스타일로 여겨왔다. 그러나 권위주의 스타일은 자녀
에게 미치는 영향이 너무 부정적이며, 부모와 자녀 관계에 미치는
영향력이 파괴적이기 때문에 반드시 교정되어야 할 스타일이다.

방임주의 스타일

방임주의 스타일이란 단어에서 느껴지는 뉘앙스처럼 부모가 자녀 양육에 대해 일관성 있는 목적과 방향을 정하여 자녀를 훈련시키지 못하고 자녀 위주로 선택과 결정을 하면서 자녀가 원하는 일에 대해 지나칠 정도로 허용적이라는 특징을 갖는다. '최선을 다해 아이를 기쁘게 해주자. 옛날처럼 자녀 많이 낳아 기르는 시대가 아니다. 그러니 가능하면 편안하게, 가능하면 기분 좋게 해주자'라는 생각을 갖고 자녀를 키우는 것이다.

권위주의 스타일에 대한 반작용

방임주의 스타일은 권위주의에 대한 반작용으로 생긴 양육 스타일이다. 권위주의적인 부모 밑에서 상처를 많이 받고 자란 자녀가 부모가 되었을 때 그의 부모와는 정반대의 스타일로 자녀를 키우겠다는 다짐과 함께 생겨난 스타일이다. 부모와 반대로 하면 자녀에게 좋은 결과가 주어질 것이라고 생각한 것이다.

미국에서는 1950년 이후 60년대까지 가장 유행한 스타일이었는데, 특히 베이비 부머(Baby boomer) 시대의 부모들은 방임주의적인 스타일을 가장 선호했다. 또한 부모들이 일로 인해 바쁜 현대의 가정들, 특히 맞벌이 부부일 경우 방임주의 스타일로 자녀를 키울 가능성이 많다. 퇴근 후 너무 피곤하니까 '아이들과 실랑이를 벌일 힘이 없다. 그러니 아이들이 원하는 대로 해주자' '부모로서 충분한 시간을 아이와 함께하지 못하고 놀아 주지도 못하는 게 미안하다'라는 죄책감과 보상 심리 때문에 가능하면 아이가 원하는 대로 들어주자라고 생각하게 된다. 우리 나라의 경우에는 1990년대 말까지 방임주의 스타일이 꽤 유행했었다. 그 시대 부모들은 방임주의 스타일을 민주주의 스타일인 것처럼 착각하면서 자녀를 키워왔다. 이는 교육을 많이 받은 신세대 부모들이 주로 사용했던 스타일이기도 하다.

자녀가 원하는 대로 하면 된다?

방임주의 양육 스타일은 자녀와 '평화롭고 조용하게 살자'라는 말이 모토일 정도다. 어떻게 하면 부모와 자녀 사이에 이런 일이 가능할까? 자녀가 하자는 대로, 원하는 대로 하면 된다. 그러면 갈등도 많지 않고, 큰소리 칠 일도 거의 없을 것이다.

방임주의 부모는 먼저 자녀의 기분을 좋게 해준 다음에 원하는 것을 하도록 한다. 예를 들어 사탕, 선물, 용돈이나 아이에게 특권을 허락하는 방법 등으로 훈련한다. 또 아이의 기분을 상하게 하지 않으려고 통사정을 하거나 애원하기도 한다. "제발 엄마 아빠 말 좀 들어줘. 한 번만 부탁이야." 이런 식으로 자녀에게 사정을 한다. 그뿐 아니라 쉽게 포기하는 경향이 짙다. 그러다보니 자녀를 위한 규칙을 세웠지만 규칙대로 지켜지지 않는 경우가 더 많다. 아이가 성가시게 졸라대거나 끝까지 고집을 부리면 '안 돼'가 아니라 '그래'로, '해야 돼'가 '오늘만 봐줄게'로 바뀌는 상황이 자주 일어난다. 그래서 자녀들 마음속에 '규칙은 꼭 지켜야 한다'는 생각이 희박해지고, 언제든지 떼를 쓰면 규칙이 바꾸어질 수 있다는 생각을 하게 된다.

방임주의 스타일이 자녀의 좌절감과 분노를 키운다

'자녀에게 가능하면 많은 자유를 주고 싶다.' 부모 자신이 권위주의 부모 아래서 자유 없이 자란 경험 때문에 자신의 자녀에게는 이렇듯 많은 자유를 주고 싶어 한다. 또한 '자신을 존중하는 아이로 키우고 싶다'는 생각을 가지고 있다. 일반적으로 권위주의 부모 밑에서 자란 사람들은 자신의 생각과 의견, 감정이 부모에 의해서 무시된 결과로 열등감의 소유자가 될 가능성이 많다. 그런 이유로 자녀는 자기와는 다른 자기 존중감을 갖고 성장하기를 바란다.

뿐만 아니라 자신에 대해 책임감을 다하는 자녀로 키우고 싶어 한다. 체면을 중시하는 권위주의 부모는 남의 눈에 내 자녀가 어떻게 비칠까에 관심이 많기 때문에 늘 자녀에게 '남들에게 잘해라' 하며 자신에 대한 책임보다 타인에게 책임을 다하는 자녀가 되기를 원했다. 그런데 그런 부모 밑에서 자란 사람들은 과중한 책임이 주는 압박감을 느끼며 성장해왔기 때문에 자신의 삶을 제대로 살지 못했다는 자각과 함께 자녀에게는 그런 책임을 부과하지 않겠다고 생각하게 된 것이다. 그래서 자신의 삶을 충실히 살며 자신에게 책임을 다하는 자녀로 성장하기를 바란다.

그러다보니 결국 부모는 섬기고 아이는 요구하게 된다. 자녀는 부모가 자신을 위해 하는 일들을 당연하게 여기며 감사할 줄 모른다. 오히려 자녀가 부모를 향해 분노를 표현하기도 한다. 자신에게 바른 훈련을 시켜주지 않았다고, 혹은 버릇없는 아이로 키웠다고 부모를 원망하면서 분노의 감정을 드러낸다. 또 자신의 요구가 거부될 때 분노의 감정을 품기도 한다. 자녀가 원하는 대로 부모가 거의 따라준다고 해도 어떻게 자녀들의 요구를 100퍼센트 들어줄 수 있겠는가? 아무리 자녀 입장에서 원하는 것을 해주려고 노력하지만 언젠가는 '안 돼'라고 해야 하는 상황이 찾아온다. 가끔씩 부모로부터 '안 돼'라는 말을 들었던 아이들은 그 말을 큰 상처 없이 받아들이는데 반해 방임주의 부모 밑에서 자란 아이들은 부모의 거절에 대해 지나친 좌절감을 느끼고 이를 분노로 표출한다.

규칙을 정하는 것이 자녀에게 안정감을 준다

방임주의 부모의 특징은 우유부단하며 일관성이 없다는 것이다. 부모는 섬기고 자녀는 요구한다. 자연스레 선택권과 결정권은 자녀가 주로 갖고 있다. 또한 부모가 자녀에게 끌려가는 경향이 짙고 자녀에게 지나치게 허용적이다.

자녀들도 부모나 어른에 대한 존경심이 없고 버릇이 없다. 자기중심적이며, 부모가 훈련을 제대로 시키지 않았기 때문에 자기 훈련을 배우기도 쉽지 않다. 질서에 따라 사는 법을 배우지 못하고, 자기통제 능력이 약하여 정서적인 불안을 경험하기 쉽다. 아이들이 정서적인 안정감을 갖기 위해서는 정해진 규칙에 따라 살아가는 법을 배우는 것이 중요하다. 즉 자신의 한계선을 알고 그 안에서 자신이 할 수 있는 일과 하지 말아야 할 일을 정확히 알 때 정서적인 안정감을 누릴 수 있다. 그런데 방임주의 부모 밑에서 자란 자녀들은 규칙을 꼭 지켜야 한다는 당위성이 약하다.

규칙을 알고 있으면 자녀들에게 안정감이 생긴다. 하지만 규칙이 정해져 있어도 지켜지지 않는다면 의미가 없다. 그러므로 아이들은 어디를 가든 그 곳에서 지켜야 할 규칙들이 뭔가를 반드시 알아야 한다. 집에서는 무엇을 해야 하고, 교회에 갔을 때는 무엇을 어떻게 해야 하는지, 또 학교에서는 선생님이 정해 놓은 규칙에 따라 행동해야 한다. 정해진 규칙을 지키는 것은 훈련을 위해서도 필요할 뿐만 아니라 정서적 안정감을 위해서도 필요하다.

민주주의 스타일

민주주의 스타일의 부모는 '자녀에게는 인생의 안내자인 부모로서 가능한 한 최선의 길로 자녀를 인도할 것이다. 자녀가 자신에게 가장 중요한 선택과 결정을 내려야 할 때 그의 생각과 결정을 존중하겠다'라는 생각으로 자녀를 양육한다. 민주주의 스타일의 부모는 자녀와의 관계 속에서 상호 만족의 원리를 추구한다. 자녀만 만족하거나 부모만 만족하는 일방적인 관계가 아니라 자녀와 부모 모두 만족하는 그런 관계를 원한다. 만족의 측면에서 볼 때 권위주의 스타일은 부모 쪽에 더 많은 만족이 주어진다고 볼 수 있다. 부모가 명령하고 결정하는 위치에 있기 때문이다. 그러면 방임주의 스타일에서는 어떠한가? 자녀에게 선택과 결정권이 있으며, 자녀는 요구하고 부모는 섬기는 관계이기 때문에 자녀에게 더 큰 만족감이 주어진다. 그러나 민주주의 스타일의 부모는 이 두 가지 모두가 바람직하지 않다고 생각한다. 권위주의 스타일이나 방임주의 스타일에서는 부모와 자녀 중 어느 한 편은 불만족을 경험해야 하기 때문이다.

민주주의 양육 스타일은 미국에서 1970년대부터 시작되어 오늘에 이르기까지 가장 인기 있는 스타일이자 바람직한 자녀 양육 스타일이라고 할 수 있다. 한국에서는 2000년대에 들어서서 민주주의 양육 스타일에 대한 이해와 중요성이 인식되고는 있지만, 15~20퍼센트 정도의 부모들만이 이 스타일로 자녀를 양육하고 있다.

민주주의 양육 스타일이 자녀의 좋은 성품을 기른다

민주주의 양육 스타일의 부모는 협동하는 자녀, 자신과 타인을 모두 존중하는 자녀, 건강한 자존감을 가진 자녀, 책임감 있는 자녀, 그리고 용기 있는 자녀로 키우길 원한다. 그래서 민주주의 스타일은 부모와 자녀 사이가 가깝고 친근하며 따스한 나눔이 있는 관계다. 또한 서로가 서로를 존중하며 갈등이 생겨도 해결할 수 있는 방법들을 잘 알고 있다. '안 되는 것은 안 된다'라는 단호함과 강함을 보이지만 동시에 친절하고 자상하다. 칭찬과 격려로 자녀에게 동기를 부여하며, 함께 일하고 활동하는 가운데 협동의 중요성을 가르친다.

민주주의 스타일의 부모가 자녀 양육의 목표로 삼았던 것과 마찬가지로 자녀들도 협동하는 자녀, 책임감이 강한 자녀, 용기 있는 자녀, 그룹 중심의 자녀, 자기 훈련된 자녀로 성장하게 된다. 이 같은 특성들은 오늘날의 글로벌 사회가 필요로 하는 훌륭한 리더의 자질이기도 하다. 부모가 민주주의 양육 스타일로 자녀를 잘 키운다면 그들은 영향력 있는 미래의 지도자들로 자라날 것이다.

민주주의적인 자녀 양육의 노하우

민주주의 스타일의 부모는 자녀를 가르치고 인도하기 위해 스스로 배우게 하는 훈련, 가족회의, 협상 그리고 질의 응답 등의 방법을 사용한다.

• 스스로 배우게 하는 훈련

자녀들에게 훈련을 통해 스스로 배우고 깨닫게 하는 방법이다. 여기에는 '논리적인 결과(logical consequences)'와 '자연적인 결과(natural consequences)'의 2가지 방법이 있다. 논리적인 결과는 자녀가 반복되는 실수를 하지 않도록 가르치기 위해 잘못된 결과에 대해 아이가 직접 책임지도록 가르치는 방법이다. 자연적인 결과는 아이로 하여금 직접 체험을 통해서 왜 특정 행동을 하지 말아야 하는지 체득하여 깨닫고 배우도록 가르치는 방법이다. 다시 말해 부모가 답을 알려주기보다 자녀 스스로의 경험을 통해, 또 자녀가 결정한 일에 대해 책임도 함께 지도록 함으로써 성장하도록 돕는 것이다.

• 가족회의

가끔 가족회의를 한다는 부모들을 만나게 된다. 가족회의를 한다고 하니 반갑기도 하고 궁금해서 어떤 식으로 진행하는지 물어보면 가족회의의 개념을 제대로 이해하는 분들이 많지 않았다. 대개는 의논할 의제를 가지고 아빠가 가족들을 모아서 회의를 진행한다.

"이번에 2박 3일 일정으로 가족 여행을 가려고 하는데, 어디로 가면 좋을지 각자의 의견을 말해 주면 아빠가 참고하겠다."

그러면 아이들은 신나서 자신의 생각을 이야기한다. 첫째 아이, 둘째 아이, 그리고 엄마까지 좋은 아이디어를 이야기했다. 이야기를 다 들은 후에 아빠가 결정을 내린다.

"너희 이야기는 잘 들었다. 그런데 아빠 생각엔 강원도 쪽 산으로 가는 것이 좋겠다."

이런 상황이 가끔 있다면 별 문제가 되지 않는다. 하지만 가족회의를 할 때마다 가족의 의견을 물은 다음, 부모가 원하는 쪽으로만 결정을 하게 된다면 그것은 잘못이다. 의견을 물을 때에는 어린아이라 할지라도 그 의견이 타당하면 받아들이겠다는 마음의 준비가 되어 있어야 한다. 만약에 부모가 결정한 대로 밀고 갈 생각이라면 결정사항을 알려주는 통보이지, 가족의 의견을 물어보는 것이 아니다.

이런 일이 계속된다면 가족회의 시간에 아이들이 입을 다물기 시작한다. 그러면 부모는 기분이 언짢아진다. 말할 기회를 주는데 왜 아무도 말을 안 하는 건지 이해가 되질 않는다. 그때 아이들의 태도는 이렇다. "엄마 아빠가 원하는 대로 하세요. 우리가 말해 봤자 어차피 엄마 아빠 원하는 대로 할 것 아닌가요? 괜히 시간 낭비할 필요 없잖아요."

가족회의는 결코 부모의 결정을 알리는 시간이 아니다. 그 시간을 통해 어린 자녀들의 의견까지 배려해 주고 귀 기울임으로써 가족의 소중한 일원이라는 자부심과 존중 받는다고 느낌을 얻게 해 주어야 한다.

• 갈등 해결을 위한 협상

민주주의 스타일의 부모들이 갈등과 문제를 해결하는 방법으로 '협상'을 자주 사용한다. 부모와 자녀 간에 '상호 만족'을 추구하기 때문이다. 부모와 자녀 사이의 갈등 상황을 한 번 생각해 보자. 아이가 바라는 것과 부모가 원하는 것이 서로 다르면 갈등이 생기게 마련이다. 예를 들어 청소년 자녀가 머리를 빨갛게 염색하겠다고 하고, 엄마는 절대 안 된다고 말한다고 하자. 이 경우 어떻게 해야 서로에게 만족스런 결과를 얻을 수 있을까? 바로 협상을 통해서다. 서로 양보하면서 중간 지점에서 만나는 것이다.

그런데 협상 시 기억해야 할 사항이 있다. 자녀와 부모의 생각이 다르고, 서로 원하는 것이 다르다면 모든 경우마다 협상해야 할까? 그렇지 않다. 협상이 가능한 부분과 그렇지 않은 부분이 있다. 변치 않는 원리와 원칙, 부모가 결코 양보할 수 없다고 생각하는 부분은 협상의 대상이 아니다. 저자의 경우는 신앙과 가치관 그리고 학업이 그렇다. 이 점에 있어서는 타협이나 협상을 하지 않는다. 협상이 가능한 경우는 유행이나 개인적인 취향 혹은 문화나 사회 조류에 관한 것들이다. 모든 것을 부모가 원하는 대로 하려면 자녀는 불만족하게 되고, 그로 인해 관계가 나빠지게 된다. 관계가 나빠지면 부모는 효과적인 교육이나 훈련을 시킬 수 없게 된다. 그렇기 때문에 상호 만족이 중요하다.

협상할 때 기억할 점

- 갈등이나 협상이 필요한 부분에 대해서 서로의 생각을 충분히 나누라.
- 대화 중 협상이 필요하다고 느껴질 경우, 어디까지 허용할 수 있는지 미리 생각해 보라.
- 부모가 정한 목표에 도달하려면 부모가 원하는 쪽에서 시작하되 바닥에서부터 시작하라.

• 질의 응답

민주주의 가정에서는 말이 많다. 서로 다른 생각과 의견을 들어야 하고, 이해시키기 위해 설명을 해야 하고, 어떤 경우엔 설득하거나 협상해야 할 경우도 있다. 그렇기 때문에 다른 어떤 가정보다도 이야기하고 나눌 시간이 많다. 그러다보면 부모가 피곤하고 힘들어진다. 통보하고 명령하면 빨리 이야기를 끝낼 수 있는데, 질문하고 응답하고 서로 조정하는 과정이 필요하기에 쉬운 일이 아니다. 그러나 이런 과정은 자녀의 성장에 필요한 가르침의 시간이기도 하다. 민주주의와 효과적인 의사 전달법을 가르치고 배우는 시간이다. 이런 과정을 통해 자녀들은 자신의 의사를 잘 표현하게 되고, 갈등과 문제 해결법도 배운다. 이러한 자질들을 가정에서 배우고 실천함으로서 자녀를 좋은 리더로 키워가는 것이다.

혼합주의 스타일

오늘날 한국 가정에서 가장 많이 사용하는 스타일이 있다면 혼합주의 스타일이다. 하나의 자녀 양육 스타일을 일관성 있게 사용하기보다 2가지 혹은 3가지 스타일을 혼합적으로 사용하는 경우다. 부모로부터 받은 영향과 더불어 자녀 양육에 대해 체계적인 교육을 받지 못했기 때문에 생기는 현상이다. 혼합주의 스타일로 자녀를 키울 경우에는 앞의 어떤 스타일보다 자녀에게 미치는 영향력이 부정적이다. 부모 자신이 자녀 양육에 대한 소신이 없기 때문에 하루는 이렇게, 다음날은 저렇게 가르친다. 또 기분과 환경에 따라 달라지거나 읽었던 책이나 참석한 세미나의 내용에 따라 계속 다른 방법을 자녀에게 적용한다. 아이들에게 가장 큰 혼란을 가져다주는 스타일이다.

그렇다면 성경에서 가르치는 자녀 양육 스타일은 무엇일까? 에베소서 6장 4절에서는 "아비들아 너희 자녀를 노엽게 하지 말고 오직 주의 교훈과 훈계로 양육하라"고 말하고 있다. 여기서 '노엽게 한다'는 말은 '화나게 한다'라는 뜻인데, 자녀를 화나게 해선 안 되는 이유가 바로 여기에 있다. 부모가 자녀를 화나게 하면 그 다음의 '주의 교훈과 훈계'로 양육하는 일이 불가능하기 때문이다. 일단 자녀가 화나게 되면 부모가 아무리 좋은 말을 하고 감동적인 설교를 해도 마음에 받아들이기를 거부해 버린다. 주의 교훈과 훈계로 양육하기를 원한다면 자녀의 분노 문제를 심각하게 고려해야 한다. 즉 자녀의 분노를 잘 조절하면서 양육해야 한다.

골로새서 3장 21절에서도 동일한 이야기를 하고 있다. "아비들아 너희 자녀를 격노케 말지니 낙심할까 함이라"라는 구절에서 '격노케 한다'는 말은 '몹시 분하고 노여운 감정이 북받쳐 오르다'는 뜻이다. 격노케 하지 말아야 할 이유에 대한 설명이 이어지는데, 자녀를 지속적으로 격노케 할 경우 자녀가 '낙심하기' 때문이다. '낙심한다'는 말은 영어로 'lose heart, discouraged, or quit trying'이란 말이다. 즉 '의기소침하게 되다, 용기를 잃다, 노력하는 일을 포기하다'라는 뜻이다. 왜 사도 바울이 자녀를 '노엽게 하지 말고' 양육하라고 말하는지 이유를 알겠는가? 자녀에게 미치는 영향력이 심각하고 치명적이기 때문이다.

자녀에게 분노를 안겨주는 자녀 양육 스타일은 앞에서 살펴본 것처럼 권위주의와 방임주의 양육 스타일이다. 이 두 종류는 성경이 철저하게 금하고 있는 양육 스타일이다. 분노의 측면에서 볼 때, 그리고 자녀와 부모의 관계, 자녀가 갖게 되는 성품이나 결과들을 살펴볼 때 민주주의 스타일이 바로 성경이 권하는 양육 스타일이라 하겠다. 이 스타일은 자녀들이 원하는 스타일이자 모든 부모들이 원하는 '성공하는 리더로 키우는' 자녀 양육 스타일이다.

자녀 양육 스타일은 다음 세대에 전수된다

지금의 자녀 양육이 민주주의 스타일이 아니라면 그 동안의 스타일을 과감하게 버리고 민주주의 스타일을 배우고 실천해서 올바로 자녀를 양육해야 한다. 또한 부부의 자녀 양육 스타일이 다르다면 둘 다 민주주의 스타일로 변화시켜야 한다. 부모가 서로 다른 스타일로 자녀를 양육할 경우, 그로 인해 부부 갈등이 야기되고 자녀에게는 혼란을 가져다주기 때문이다.

자녀 양육 스타일을 바꿔야 할 다른 이유는 자녀들에게 전수되기 때문이다. 부모의 영향력이 지금도 우리 안에 있는 것처럼 자녀들도 부모가 되었을 때 우리의 모습과 영향력이 그들 안에 있게 된다. 지금 우리는 다음 세대의 엄마 아빠들을 제자로 양육하고 있다는 사실을 잊어서는 안 된다. 자녀들이 우리의 행동, 우리의 삶을 관찰하고 있다가 자신이 부모가 되었을 때 우리의 모습과 동일하게 엄마 노릇, 아빠 노릇을 하게 된다는 사실을 기억해야 한다. 그렇기 때문에 바람직하지 않은 자녀 양육 스타일—우리 부모로부터 전수받았고 아직도 내 안에 남아 있는 좋지 못한 스타일—이 자녀 세대까지 전수되지 않도록 해야 한다. 그리고 바람직한 스타일을 우리의 것으로 만든 다음에 자녀들에게 물려주어야 한다는 사실을 마음에 새기도록 하자.

자녀의 분노 해결을 위해 용서를 구하려면

❶ 당신이 구체적으로 어떻게 자녀를 노엽게 했는지 생각해 보라(에베소서 6:4, 골로새서 3:21) .

❷ 그 죄들을 하나님 앞에 고백하라(요한1서 1:9).

❸ 당신이 자녀에게 잘못한 일들에 대해 구체적으로 용서를 구하라(사도행전 24:16).

❹ 당신이 후회하고 있다는 사실을 자녀에게 분명히 말해 주라.

❺ 진지한 자세로 용서를 구하라.

❻ 자녀에 대한 당신의 사랑을 확인시켜 주라.

자녀 양육 스타일 비교표

	권위주의 스타일	방임주의 스타일	민주주의 스타일
자신의 목표	부모의 권위를 가지고 쉽게 살자.	평화롭게, 조용히, 쉽게 살자. 상관하지 않는다.	안내자, 상호 만족
신념	내가 지배한다.	아이를 기쁘게 해주자.	올바로 인도하고 자녀의 마지막 결정은 아이 자신이 할 수 있도록 한다.
자녀 양육의 목표	순종의 자녀, 타인에 대한 존경과 책임을 다 하는 자녀, 부모에 대한 경외심을 갖도록	아이에게 가능한 한 모든 자유를 주자. 자신을 존중하는 자녀, 자신에 대한 책임감을 갖는 자녀	협동하며 자신과 타인을 존중하는 자녀, 책임감과 용기가 있는 자녀
훈련의 방법	상벌제도, 협박, 뇌물 고함, 매, 많은 요구 조건, 간섭	기분을 좋게 해준다. 간청(please), 쉽게 양보하고 포기한다.	자연적인 결과, 논리적인 결과의 사용, 가족회의, 협상과 질문
부모와 자녀와의 관계	힘 겨루기, 부모를 향한 분노, 반항, 불신	부모는 섬기고 자녀는 요구한다. 부모를 향한 분노	온화하다, 나눔, 상호 존중, 갈등 해결
부모의 특성	지배적, 비판적, 엄하고 소란스럽다.	우유부단, 일관성이 없다. 받아줌, 약함, 권위가 없음	단호하면서 친절함
자녀의 특성	불순종하는 자녀, 속이고 고집이 세고 반항하고 자기 훈련이 부족함	제멋대로, 이기주의적, 존경심이 없고 자기 훈련이 부족하여 정서적으로 불안정	격려하고 협동하는 자녀, 책임감 있고 용기 있고 팀 중심적이며 자기훈련이 됨
역사	(미국) 1950년대까지 (한국) 1970년대까지	권위주의에 대한 반작용, 현대의 바쁜 가정 (미국) 1960년 이후 (한국) 1980~1990년대	(미국) 1970년 이후–지금까지 (한국) 2000년(20% 정도)

건강한 자긍심으로
세상을 보게 하라

리더를 키우는 가정 원칙의 첫 번째 기초석은 양육 스타일이다. 첫 번째 기초석이 잘못되면 그 위에 어떤 건물을 짓더라도 부실 공사를 면할 길이 없다. 앞에서 자녀 양육 스타일이 왜 중요한지를 다루었다면 이 장에서는 양육 스타일 위에 더 단단한 기초를 세우기 위해 하나의 기초석을 다시 올린다. 바로 자긍심이라는 기초석이다. 자녀 양육 스타일이 자녀를 리더를 키우기 위해 중요하다면 그 다음으로 중요한 요소가 바로 건강한 자긍심이다. 자녀 양육 스타일이 자녀의 인생 전반에 영향을 미치듯 자긍심 또한 그러하다. 이 장에서는 자긍심이란 무엇이며, 어떻게 형성되어 삶에 어떤 영향을 주는지, 그리고 어떻게 하면 자긍심을 키워줄 수 있는지에 관해 알아보자.

나이는 25세. 중학교 때 부모를 따라 미국으로 이민을 왔다. 지금은 대학을 중퇴하고 특별한 직장도 없이 이 일 저 일을 전전하며 지내고 있다. 어머니의 권유로 나를 찾아온 그 청년은 상담을 시작한 뒤로 한동안 내 눈을 바라보면서 이야기하지도 못했다. 상담을 시작한 지 6주째 되던 날, 왜 눈을 마주치면서 이야기하지 않는지를 물었다. 그는 아버지가 상대방을 쳐다보면서 이야기하면 버릇없다고 해서 그 뒤로 지금까지 사람 눈을 쳐다보면서 이야기할 수 없었다고 했다. 그래서 상담이 끝날 때까지는 말할 때 저자의 눈을 쳐다보면서 이야기하도록 했다. 눈을 쳐다보면서 말하는 게 이렇게도 힘든 것인 줄 그 청년을 보면서 처음으로 알게 되었다. 부모의 말 한마디 때문에 그는 지금까지 상대방의 눈을 보면서 말할 수 없는 사람이 된 것이다.

미국에 와서 중학교와 고등학교는 큰 탈 없이 졸업했는데, 대학에 들어가면서부터 청년에게 문제가 생겼다. 대학에 들어간 지 8년이 지났는데도 졸업을 못한 것이다. 새 학기가 시작되면 어김없이 등록을 하지만 2~3주가 지나고 나면 수업 받기를 포기했다. 도저히 끝까지 공부해 낼 자신이 없어서였다고 한다. 결심과 계획은 늘 하지만 실행에 옮기지 못했다. 실패할까봐 두려워서 시작을 하지 못하는 것이다. 보통사람들에게는 아주 쉬운 일도 이 청년에게는 어렵기만 했다. 그는 현실에 대한 감각 없이 몽상 속에서 살고 있었으며, 미래에 대한 구체적인 계획도 없었다. 심지어 친한 친구도 없이 혼자 고독하게 삶을 살아왔으며, 매사에 의욕이 없고 의기소침해 있었다. 상담을 받기 전에는 우울증 증세까지 보일 정도였다. 충분히 하고 싶은 일을 잘할 수 있는 능력을 갖추고 있는데, 도대체 왜 이렇게 되었을까? 이 청년의 문제점은 바로 자긍심이었다. 그는 열등감을 가진 사람에게서 나타나는 증상들을 거의 다 갖고 있었다. 그렇다면 이 청년의 자긍심을 어떻게 회복시켜 줄 수 있을까?

상담을 시작한 지 12주가 되던 날, 이 청년이 이룬 성취에 대해 축하해 주는 시간을 가졌다. 상대방의 눈을 바라보고 말할 수 있게 된 것, 이사를 해서 혼자의 힘으로 밥을 하고 빨래를 하면서 살수 있게 된 것, 12주 동안 포기하지 않고 상담을 받아왔던 것, 그동안 누구를 만나든 한 시간 이상 대화할 수 없었는데, 한 시간씩이나 이야기할 수 있게 된 것 등이었다. 다른 사람들에게는 별로 어려운 일도 아니겠지만 이 청년은 참으로 대단한 일을 해낸 것이다. 자긍심의 회복은 이처럼 쉬운 일에서부터 시작이 된다.

자긍심은 주관적이다

자긍심에 유난히 관심이 많은 나는 가끔 사람들에게 자긍심이 무엇이냐고 물어본다.

"자긍심이란 자존감이 아닌가요? 그리고 자부심이라고도 하지 않나요?"

"맞아요. 그것들은 모두 같은 뜻으로 사용하는 말이에요. 자긍심이나 자존감 그리고 자부심이란 단어들은요. 그런데 제 질문은 그 뜻이 무엇이냐는 거예요."

대부분 고개를 갸우뚱거리며 정확한 뜻을 모르겠다고 한다.

그렇다면 자긍심이란 무엇일까? 이에 대한 정의는 학자들에 따라 조금씩 다르다. 여러 가지 정의 가운데 가장 설득력 있는 정의는 제임스 빈(James A. Beane)과 리차드 립카(Richard Lipka)의 것이 아닐까 생각된다. 그들은 자긍심을 정의하기를, '객관적인 자아(self-concept)에 대해서 본인 스스로가 내리는 주관적인 판단이나 느낌'이라고 했다. 이 정의에서 자긍심을 이해하는 데 중요한 핵심 부분은 객관적이 아닌 '주관적인 판단이나 느낌'이라는 것이다. 주관적인 판단이란 '나 자신에 대해서 나는 어떤 느낌을 갖고 있는가? 혹은 나는 나를 좋아하는가, 싫어하는가?'라는 질문에 대한 답이다. 객관적으로 나는 뛰어난 재능과 능력, 좋은 집안 배경과 학력, 높은 사회적 지위와 뛰어난 외모를 가졌다 하더라도 정작 주관적으로는 자기 자신을 싫어할 수 있다는 말이다. 서울대를 졸업하고 아이비리그에서 공부했다고 해도, 또한 정상을 향해 성공가도를 달리고 있다 해도 정작 자기 자신이 마음에 들지 않을 수 있다.

반대의 경우도 있다. 뛰어난 재능도 없고 능력도 별 볼 일 없으며, 학력이나 외모가 빼어나지 않더라도 자기 자신에 대해서 좋은 느낌을 갖고 만족해 하는 사람도 있다. 자긍심이란 객관적인 판단이 아니고 주관적인 판단이나 느낌이기 때문이다.

자긍심은 부모로부터 시작된다

자긍심 형성은 부모로부터 시작된다. 그러므로 부모의 자긍심이 자녀의 자긍심 형성에 중요한 관건이 된다. 바꿔 말하면 건강한 자긍심을 가진 부모는 건강한 자긍심을 가진 자녀로 길러낼 수 있는 기본 소양을 갖춘 사람이라고 해도 과언이 아니다. 그러나 부모 자신이 열등감을 가지고 있다면 자녀에게 건강한 자긍심을 심어주는 일은 쉽지 않다. 삶에 활기를 잃어버리고 의기소침해 있는 부모, 자신감을 상실한 부모, 자신을 불행한 존재로 생각하는 부모, 피해의식으로 가득찬 부모라면 자녀들의 자긍심 형성에 부정적인 영향을 끼치게 된다.

부모는 자녀에게 가장 중요한 타인이다

자녀의 삶에 결코 없어서는 안 될 가장 중요한 존재는 태어나는 순간부터 만나게 되는 부모다. 갓 태어난 자녀에게 있어서 부모는 모든 것이다. 산 같은 존재, 바다 같은 존재, 모든 필요를 채우며 모든 것을 다 할 수 있다고 생각하는 하나님 같은 존재다. 혼자의 힘으로는 아무것도 할 수 없는 연약한 자녀를 위해 부모는 사랑과 보살핌으로 아이와 함께한다. 그런 부모에게 자신의 삶을 100퍼센트 의존하면서 아이는 부모와의 사랑을 시작하게 된다.

부모는 거울 역할을 한다

아이는 자신이 누구인지 아무것도 모르는 백지 상태로 세상에 태어난다. 그런 자녀를 위해 부모는 아이가 누구인지 보여주는 거울과 같다. 거울인 엄마는 아기를 안고 행복한 미소를 보낸다. 엄마의 행복한 얼굴을 바라보는 아이의 얼굴도 밝아진다. 그리고 수많은 이야기들이 그들 사이에 오고간다. 말할 수 없는 아이와 말하는 부모 사이에 대화가 시작된 것이다.

엄마는 말을 통해 거울이 되고, 목소리의 높낮이를 통해 기분을 알려주고, 눈맞춤을 통해 사랑과 행복이 무엇인지 알려준다. 얼굴 표정과 몸짓, 행동으로 아이가 누구인지, 그 아이에 대해 엄마는 어떻게 생각하고 있는지, 그리고 어떤 기분을 느끼는지 알려준다. 아이를 안고 말 없이 거울 역할을 하는 것이다. 그 거울을 보면서 아이는 조금씩 자기에 대한 인식이 생긴다. 엄마가 예쁘다고 말하면 '아! 나는 예쁘구나'라고 생각하고, 엄마가 '너 때문에 행복해'라고 말하면 아이는 속으로 '엄마는 나를 좋아하는구나. 엄마는 나를 보면서 행복해 하는구나'라고 생각한다. 엄마가 "너는 코도 잘생기고, 눈도 샛별처럼 예쁘고, 입도 예쁘고 피부도 고와"라고 하면 그 말을 들은 아이는 '아, 나는 코도 눈도 입도 예쁘고, 피부도 고운 사람이구나'라고 생각한다.

엄마가 피곤한 날이면 짜증섞인 어투로 말한다. "너는 왜 잠도 안 자고 엄마를 힘들게 하니?" 그러면 아이는 '내가 엄마를 화나게 만들었구나'라고 생각한다. 또 엄마가 "오줌을 싸려면 한꺼번에 싸지, 찔끔찔끔 이게 뭐야? 지금까지 기저귀를 몇 개나 버렸는지 알아?"라고 화를 내면 아이는 슬퍼진다. 그리고 속으로 생각한다. '그건 내 맘대로 할 수 있는 게 아닌데….' 또 두 살짜리 아이에게 엄마가 말한다. "너 때문에 내가 못 살겠다. 이 사고뭉치야. 맨날 일만 저질러." 그러면 아이는 '나는 사고만 치는 아이구나. 그래서 엄마가 나를 싫어하는구나'라고 생각한다.

아이가 자기 자신에 대해서 긍정적인 말이나 칭찬의 말, 그리고 인정하는 말을 들을 때에는 자신에 대한 긍정적인 느낌과 생각을 갖게 된다. 그러나 부정적인 말, 비난하는 말, 비교하는 말을 듣게 되면 자신에 대한 느낌이나 생각이 부정적으로 굳어지게 된다. 이것이 바로 거울인 부모가 하는 역할이다. 부모가 반응하는 대로 자기가 그런 아이라고 느끼고 생각할 뿐 아니라 그 느낌과 생각을 자기 자신의 모습으로 확신하고 받아들인다. 즉 부모가 손에 들고 보여준 거울로 자신을 보는 것이다.

부모는 매일 자녀들 앞에서 거울을 보여준다. 긍정적인 메시지를 전하는 온전하고 깨끗한 거울을 보여주거나 부정적인 메시지를 전하는 깨진 거울을 보여준다. 온전한 거울을 더 많이 보여주면 자녀에게 건강한 자긍심을 심어주게 되고, 깨진 거울을 더 많이 보여주면 열등감을 더욱 키워가게 된다.

자긍심의 형성 과정

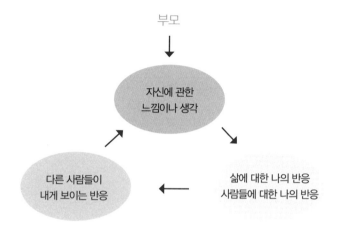

자녀의 자긍심은 먼저 거울 역할을 하는 부모로부터 시작된다. 다음으로는 부모의 영향을 통해 자신에 관한 느낌이나 생각이 형성되는 것이다. 이때 부모가 긍정적인 반응을 많이 보여주면 긍정적인 느낌과 생각을 발전시키게 되고, 부정적인 반응을 더 많이 보여주면 자기에 대한 느낌이 부정적이게 된다.

자녀가 자신에 대한 느낌과 생각이 형성된 후에는 삶이나 사람들에게 반응을 보이게 된다. 부모로부터 긍정적인 반응을 받으면 자녀는 삶에 대해, 그리고 자신과 관계를 맺고 있는 사람들에게 긍정적인 반응을 보인다. 하지만 부모로부터 부정적인 반응을 받게 되면 자녀 자신에 대한 부정적인 느낌과 생각이 형성되고 삶이나 타인에 대해 부정적으로 반응한다.

마지막으로 다른 사람들이 자녀에게 보이는 반응에 따라 자신에 대한 느낌이나 생각을 더욱 강화시켜 나간다. 자녀가 긍정적인 태도나 행동을 보이게 되면 가족이나 주위 사람들도 아이에 대해 더욱 긍정적인 반응을 한다. 그러나 자녀가 부정적인 태도나 행동을 보이면 주변 사람들이 아이에 대해 부정적인 반응을 더 많이 보이게 마련이다. 이와 같은 일들을 통해 자녀는 자신에 관한 생각을 긍정적인 쪽으로 강화시켜 나가든지, 부정적인 쪽으로 강화시켜 나간다.

자긍심이 중요한 이유

저자의 박사학위 논문의 제목은 「자긍심에 관한 연구(A Study of Self-Esteem in Selected Korean-American Youth in the Fort Worth-Dallas Area)」였다. 미국 텍사스 주의 댈러스 포트워스 지역에 사는 200여 명의 한인 이민 청소년들을 대상으로 한 연구였다. 이 연구를 하는 동안 자긍심이 인간에게 미치는 영향에 대한 수많은 연구 자료들을 살펴보면서 자긍심이 왜 그렇게 중요한지 크게 4가지로 정리할 수 있었다.

자 긍 심 은
우리가 살아가는 동안 의식하든 의식하지 않든 상관없이 우리에
게 영향을 끼친다. 건강한 자긍심을 가진 사람과 그렇지 않은 사
람이 보는 세상은 판이하게 다르다. 우리 모두가 마음의 안경을
쓰고 살아간다. 세상을 보는 안경, 나를 보는 안경, 사건과 사물을
보는 안경, 그리고 나의 미래를 바라보는 안경 등이다. 어느 안경
을 쓰고 있느냐에 따라 세상이 달라져 보인다. 핑크색 안경을 쓰
고 보는 세상과 검은색 안경을 쓰고 보는 세상은 완전히 다르다.
이때 내가 쓰고 있는 안경, 그것이 바로 자긍심이다. 정도의 차이
는 있겠지만 인간의 삶을 들여다보면 행복한 순간과 불행한 순간
들이 씨실과 날실처럼 엮어져 있음을 발견하게 된다. 우리의 삶에
행복한 순간만 계속되거나 불행한 순간만 계속되지 않는다. 이 둘
이 교차하면서 우리의 삶을 엮어가는 것이다.

겉보기에는 남부러울 것 없이 행복한 것 같은데 정작 본인은 행
복하지 않다고 생각하는 사람들이 있다. 그들은 삶의 의미와 가치
를 제대로 발견하지 못한 채 불행 가운데 살아간다. 자신이 불행

하다고 느끼는 사람들은 생각대로 자신의 인생을 불행한 쪽으로 몰아간다.

그와 반대의 경우도 있다. 겉으로 보기에는 별 볼 일 없어 보이는데 늘 긍정적이고 만족해 하는 사람들이 있다. 그들은 삶에 능동적이고 적극적으로 대응하면서 행복을 누리는 사람들이다. 무엇이 우리에게 행복과 불행을 가져다주는 것인가? 외부의 조건이나 환경인가? 그렇지 않다. 내부의 힘이다. 바로 자긍심이라는 내부의 힘이다. 자신을 소중히 여기고 가치 있는 존재로 여기는 사람들은 자신의 인생을 그런 방향으로 이끌어간다. 그래서 건강한 자긍심을 가진 사람들은 힘들고 어려운 일들이 찾아와도 그 어려움을 넘을 수 있는 산으로 생각하며 도전정신으로 극복해 나간다. 그렇다면 그들에게 있어서 어려움은 불행이 아니다.

그러나 낮은 자긍심을 가진 사람들은 삶에 어려움이 닥쳐오면 그 무게를 견뎌내지 못하고 힘없이 무너져내린다. 자기 삶에 끝이 온 것처럼 생각하면서 도피처를 찾거나 포기해 버린다. 어려움을 너무 크게 확대해서 보기 때문에 자기 삶에는 어려움만 가득한 것으로 보이고, 그래서 불행하다고 생각한다.

이런 이유 때문에 행복한 삶의 기초는 건강한 자긍심이라고 하는 것이다. 그래서 누군가는 자긍심을 일컬어 '내 안에서 나를 싣고 가는 운전사'라고 말한다. 내 삶의 행복과 불행을 이끌어가는 운전사가 바로 자긍심인 것이다.

자긍심 대한 연구 가운데 자긍심지수와 학교생활과의 관계를 연구한 논문들이 꽤 많다. 건강한 자긍심을 가진 학생들이 그렇지 않은 학생들보다 학교 성적이 뛰어나다는 것이다. 지능(IQ)은 다분히 선천적이다. 그에 반해 자긍심은 후천적으로 형성되는 것이다. 지능은 부모 마음대로 높일 수 있는 게 아니지만 자긍심은 부모가 중요성을 인식하고 그것을 키워주기 위해 노력하면 충분히 높일 수 있다. 이것은 얼마나 희망적인 소식인가!

자긍심이 학교 성적에 어떤 역할을 하는지에 대한 예를 들어보자. 지능이 똑같은 두 명의 학생을 불러 똑같은 교재를 주었다. 그리고 그 교재를 공부하도록 똑같은 시간을 주었다. 정한 시간이 지난 후에는 똑같은 시험 문제를 제시했다. 이 경우 이론적으로 생각하면 같은 점수가 나오거나 비슷한 점수가 나와야 하는데, 전혀 다른 결과가 나올 수도 있다. 한 아이는 100점을 맞았는데, 다른 아이는 70점이나 80점이 나온 것이다. 그렇다면 높은 점수와 낮은 점수가 나온 학생의 차이점을 무엇으로 설명할 수 있을까?

여러 가지 원인을 이야기해 볼 수 있겠지만 가장 설득력 있는 설명은 자긍심 때문이라고 한다. 똑같은 지적 능력에 똑같은 환경이 주어졌다 해도 자긍심의 차이가 성적을 가를 수 있다.

건강한 자긍심을 가진 사람은 주어진 일에 대해 스스로 동기부여를 잘 해낸다. '잘해야지. 열심히 해서 100점 맞아야지.' 최선을 다하겠다는 자세로 공부를 하기 때문에 집중력이 높아지고, 그로 인해 자신의 능력과 잠재력을 최대한 발휘하게 된다. 결과적으로 좋은 성적이 나올 수밖에 없다.

하지만 자긍심이 낮은 학생의 경우에는 동기부여 능력이 약하다. 최선을 다하려는 마음보다는 '내가 하면 얼마나 잘하겠어? 지난 번에도 열심히 했는데 성적이 별로였잖아.' 미리 이런 생각부터 하게 된다. 또 어려운 문제가 나오면 쉽게 포기해 버리고, 집중력도 낮다. 마음 자세와 동기부여에서부터 큰 차이를 보이는 것이다. 이런 학생에게 주어지는 결과란 자신이 생각하고 예상한 대로 그저 그런 성적뿐이다.

부모가 선천적으로 타고 태어난 자녀의 지능지수를 높여줄 순 없지만 건강한 자긍심을 길러주는 것은 얼마든지 가능하다. 자긍심 형성에 있어서 67퍼센트는 부모의 손에 달려 있다. 부모가 자녀로 하여금 잠재력을 온전히 발휘하도록 자긍심을 키워준다면 자녀의 능력 수준에서 최선과 최상의 결과를 이끌어낼 수 있기 때문에 자긍심을 키워주는 것이 공부 잘하는 자녀가 되도록 돕는 방법임을 잊어서는 안 된다.

자긍심은 인간관계에 결정적인 영향을 끼친다

건강한 자긍심을 가진 사람들은 대체적으로 원만한 인간관계를 맺으며 살아간다. 그러나 열등감의 소유자나 우월감의 소유자들은 그렇지 못한 경우가 많다. 우월감의 소유자들은 자기 잘난 맛에 살고, 다른 사람을 존중하는 면이 약하기 때문에 좋은 관계를 맺지 못한다. 또 열등감의 소유자들은 피해의식 속에서 살면서 다른 사람들을 신뢰하지 못하기 때문에 자신을 개방하는 일에 어려움을 느낀다. 결과적으로 인간관계에 어려움을 겪을 수밖에 없다.

자긍심은 정신 건강에 결정적인 영향을 미친다

자긍심을 연구하는 학자들은 자긍심의 영향력을 알기 위해 여러 가지 연구를 시도해왔다. 우울증과 자긍심과의 관계, 자살 시도와 자긍심과의 관계, 정신 건강과 자긍심과의 관계에 대한 연구 등이 그것이다. 이와 같은 연구에서 보편적으로 나타나는 결과는 자긍심과 정신 건강 사이에는 아주 밀접한 관계가 있다는 것이다. 즉 건강한 자긍심의 소유자보다 낮은 자긍심의 소유자들은 수면 장애나 신경과민, 심리적 불안정 등 정신 건강에 어려움이 있고, 우울증에 걸릴 확률이 훨씬 더 높다. 자신을 행복한 존재나 소중한 존재로 느끼지 못하는 사람들은 대체로 자신의 인생을 불행하다고 느낀다는 사실을 앞에서 언급했었다. 불행하다고 느끼는 사람들은 의기소침해지며 우울감을 경험한다. 극심한 우울감은 마침내 자살로 이어지는 경우가 많다는 사실로 볼 때 건강한 자긍심은 정신 건강에도 꼭 필요함을 알 수 있다.

크리스천이 가져야 할 자긍심

성경은 자긍심에 대해서 어떻게 말하고 있을까? 이에 대해서는 여러 가지 주장과 이견이 있다. 자긍심에 대해 부정적인 시각을 갖고 마치 크리스천은 자긍심을 배제해야 한다고 주장하는 대표적인 학자는 제이 애덤스(Jay Adams)다. 그는 로버트 슐러(Robert H. Schuller) 목사가 쓴 책『적극적인 자존심을 가져라』에 대해 정면으로 도전하면서 자긍심 회복 운동을 '이교사상(paganism)' 또는 '전염병(plague)'이라고 몰아부치며 비판을 가했다. 그후 여러 성경학자들과 크리스천 심리학자들은 제이 애덤스가 성경을 부분적으로 인용하면서 자기 주장을 펼쳐나간 점에서 지나치게 편협하다는 결론을 내리고 자긍심의 성경적 위치를 회복하는 작업을 시작했다. 그 중 대표적인 학자는 임상심리학자인 조애너(Joanna)와 신학자인 알리스터 맥그라스(Alister McGrath) 부부였다. 그들은 심리학과 신학을 너무 얄팍하게 이해하면 자긍심에 대해 딜레마를 갖게 된다고 주장하면서 그들이 같이 펴낸 『자존감』이란 책을 통해 '자긍심의 객관적인 기초'는 십자가라고 설파하면서 자긍심의 중요성을 성경적 맥락에서 풀어냈다.

성경에서는 크리스천이 가져야 할 자긍심에 대해 다음과 같이 말씀하고 있다. 대표적으로 창세기 1장 27~28절에서는 이렇게 이야기하고 있다.

"하나님이 자기 형상 곧 하나님의 형상대로 사람을 창조하시되 남자와 여자를 창조하시고 하나님이 그들에게 복을 주시며 하나님이 그들에게 이르시되 생육하고 번성하여 땅에 충만하라, 땅을 정복하라, 바다의 물고기와 하늘의 새와 땅에 움직이는 모든 생물을 다스리라 하시니라"

위 구절에서 하나님이 인간을 지으실 때 그의 형상을 따라 지으셨다고 하는데, 그 의미는 무엇일까? 우리가 어떻게 그분을 닮을 수 있단 말인가? 닮을 수 있다면 그분의 무엇을 닮았다는 것일까?
하나님의 형상을 따라 우리를 지으셨다는 의미는 하나님이 갖고
계신 속성이나 성품들을 우리에게 주셨다는 뜻이다. 즉 하나님이
갖고 계신 좋은 속성들 – 사랑, 희락, 화평, 오래 참음, 자비, 양선,
충성, 온유, 용서, 절제 등 – 을 말한다. 하나님이 갖고 계신 이 성
품들을 모든 피조물 가운데 유독 인간에게만 주셨다는 사실, 이것
이 바로 자긍심 이해의 첫걸음이다.

  하나님의 형상을 따라 만든 존재는 모든 피조물 가운데 인간밖
에 없다는 사실을 생각할 때 인간이 얼마나 소중한 존재인지를 깨
닫게 된다. 이런 면에서 볼 때 자긍심은 세속적인 학문이나 인본
주의 심리학에서 나온 개념이 아니다. 성경은 자긍심에 대해서 이
세상 어느 책보다 가장 먼저 말해 준 책이다.

  우리는 위의 구절을 통해서 하나님의 성품과 속성을 인간에게
주신 것뿐만 아니라 하나님이 갖고 계신 창조의 능력까지 우리에
게 주셨음을 알 수 있다. 하나님처럼 완벽한 창조의 능력은 아니
라 해도, 하나님처럼 무에서 유를 창조한다는 것은 불가능하다 해
도 보다 나은 어떤 것들을 끊임없이 만들어낼 수 있는 창조의 능
력을 인간에게 주셨다. 인간을 만물의 영장으로 만드시고 인간에
게만 주신 능력이다.

  창조의 능력과 함께 땅을 정복하는 일과 다스리는 일 또한 인간

에게 맡기셨다. 만물을 창조하신 하나님은 그 세계를 다스리시는 분이다. 그런데 통치자 하나님이 다스리는 일에 인간을 참여시키셨다. 다스리는 일은 비단 인간의 조상인 아담과 하와에게만 맡기신 일이 아니라 그 후손인 우리 모두와 자자손손에게까지 맡기신 사명이다.

이 말씀이 진리라면 하나님의 속성을 따라 지은 바된 모든 인간은 다스리는 사람, 즉 리더가 될 수 있다. 자신이 얼마나 귀한 존재로 지음 받았는지 알며, 자신에게 주어진 사명이 무엇인지 발견하고, 그 사명을 완수하기 위해 노력하는 사람은 모두 리더가 될 수 있다. 그러나 자신이 어떤 존재인지 깨닫지 못하고, 자신에게 주어진 사명이 무엇인지 알지 못하는 사람은 리더가 될 수 없다. 그 사람의 능력이 어떠하든, 타고난 지능이 얼마이든, 어떤 재능을 가지고 있든 주어진 사명을 깨닫고 성취하는 사람은 자신이 가진 모든 자원 – 하나님이 주신 자원 – 들을 계발하여 자신이 속한 분야에서 리더의 역할을 너끈히 감당해 낼 수 있다는 말이다.

그게 전부가 아니다. 시편 8편 4절 이하의 말씀에서는 하나님이 인간을 영화롭고 존귀한 존재로 창조하셨다는 사실에 대해, 그리고 시편 139편 13절 이하의 말씀에서는 우리를 얼마나 기가 막힌 존재로 지으셨는지(신묘막측, fearfully and wonderfully made)에 대해, 그리고 우리를 얼마나 사랑하고 아끼시는지에 대해 상세히 기록하고 있다. 그밖에도 자긍심에 대해 설명하는 성경 구절들은 많이 있다.

신약에서의 자긍심에 대한 이해는 예수 그리스도의 십자가와 그의 백성에게 주시는 구원의 선물로 그 절정을 이룬다.

정리하면 크리스천에게 있어서 자긍심이란 하나님이 우리를 어떻게 지으셨는지, 어떤 존재로 여기고 계신지, 또 어떤 눈으로 우리를 바라보시는지 이해하는 것이다. 우리가 완벽하고 잘나고 능력이 있어서 존귀하고 영화로운 존재가 아니라 하나님의 창조의 걸작품이기에 존귀한 존재인 것이다. 또한 하나님의 형상을 닮은 존재요, 하나님의 사역에 부름을 받은 사명 있는 존재이며, 하나님이 사랑하시고 귀중히 여기는 존재이기에 나는 나에 대해 긍정적인 느낌과 생각, 즉 건강한 자긍심을 갖지 않을 수 없다.

3가지 자긍심

대개 자긍심지수를 측정하는 설문조사에서는 자긍심을 높은 자긍심과 중간 정도의 자긍심, 그리고 낮은 자긍심으로 나눈다. 하지만 본서에서는 크리스천의 자긍심을 다루기 때문에 다음의 3가지로 분류하고자 한다. 강한 자긍심과 건강한 자긍심, 그리고 낮은 자긍심이 그것이다.

강한 자긍심(우월감. 교만) | '내가 최고다' 또는 '다른 사람보다 내가
훨씬 낫다'는 비교에서 나온다. 간단히 말해 교만하여 다른 사람
을 인정하지 못하는 것이 강한 자긍심의 결정적인 취약점이다. 성
경에서는 교만을 경계하라고 가르친다. "교만은 패망의 선봉이요"
라거나 "하나님께서 교만한 자를 물리치시고 겸손한 자를 높이시
느니라" 등 여러 구절에서 교만, 즉 강한 자긍심에 대해 경고하고
있다.

건강한 자긍심 | 자신의 장단점을 잘 알고 있는 경우다. 강점과
동시에 약점도 잘 알고 있다. 강점이나 은사는 하나님과 그 나라
를 위해 사용될 하나님의 선물로 보고, 연약한 점은 하나님의 도
우심과 은혜가 필요한 영역으로 이해하면서 있는 그대로의 자신
을 인정하며 수용한다. 또한 하나님의 눈으로 자기를 바라보려고
한다. 자신을 하나님이 소중히 여기시는 존재, 사랑받는 존재, 특
별히 여기시는 존재로 인식하는 것이다. 또한 자신을 인정함과 동
시에 다른 사람도 인정한다. 하나님이 나를 특별한 존재로 지으셨
지만, 다른 사람들도 하나님이 특별한 존재로 지으셨다는 생각을
가지고 대하려고 한다. 이런 자긍심이 바로 크리스천이 가져야 할

자긍심이다.

　낮은 자긍심(열등감) | '나는 보잘것없는 존재이며, 무가치한 존재'
라고 생각한다. 또 '잘하는 것이 별로 없으면서 사랑받지 못하는
존재'라고 생각한다. 그래서 불행감을 느끼고 피해의식 속에서 우
울한 인생을 살아간다. 성경에서 말하는 메시지와는 정반대로 자
신을 바라보는 관점이다.

자긍심의 3요소

　부모가 자녀의 자긍심을 키워주려면 자긍심을 이루는 요소가

무엇인지 알아야 한다. 전문가들에 따라 약간씩 차이를 보이지만 자긍심은 대개 3가지 요소로 나뉜다. 소속감과 자기가치의식, 그리고 자신감이다.

소속감

　　　　　사람들은 좋은 그룹이나 단체에 소속되어 있다고 생각할 때 건강한 소속감을 발전시켜 나간다. 하지만 그룹이 마음에 들지 않을 경우에는 소속감이 약해진다. 자녀에게 소속감을 심어주는 첫 번째 장소는 바로 가정이다. 그렇다면 자녀에게 건강한 소속감을 주는 가정은 '행복한 가정'일 것이다. 부부 관계가 좋은 부모 밑에서 자라는 아이들은 '내가 이 가정의 아들이 된 것이 좋다. 이 가정의 딸이 된 것이 너무 좋다. 나는 이 가정의 구성원으로 태어난 것이 자랑스럽고 기쁘다'라는 느낌을 갖게 될 것이다. 그리고 건강한 소속감을 발전시킬 수 있게 된다. 중요한 것은 가정이 주는 소속감은 부모의 경제력이나 사회적 지위, 학력과는 무관하다는 것이다. 즉 자녀의 소속감은 행복한 가정과 좋은 부부 관계에서 비롯된다는 말이다.

　아이가 성장해감에 따라 좀 더 큰 사회로 이동을 한다. 교회로, 학교로, 그리고 지역사회로 이동한다. 이런 과정 속에서 자기가 속한 집단을 통해 인정받고 수용받게 되면 가정에서부터 시작된 소속감이 더욱 확장되고 견고해진다. 그러나 이런 집단들에서 인정받지 못하고 거부당하면 부정적인 소속감을 경험하게 된다.

자신감

자신감이란 '무엇을 스스로 이루어낼 수 있다는 느낌'을 말한다. 그런데 이 느낌은 어디서부터 오는걸까? 열심히 노력한 결과가 긍정적일 때나 목표했던 일을 성취했을 때 느낄 수 있다. 이 느낌, 즉 자신감이 하나씩 축적되어가면서 '나는 할 수 있다'는 생각과 신념으로 발전해가는 것이다.

자신감을 키워주려면 먼저 자녀로 하여금 실패의 경험보다 성공한 경험을 더 많이 갖도록 도와주어야 한다. 그러기 위해서는 우선 부모의 기대치를 자녀의 수준에 맞추어야 한다. 부모의 기대치가 높으면 높을수록 자녀는 실패할 확률이 많아진다. 자녀에게 현실적으로 가능한 기대, 즉 도전은 되지만 열심히 하면 해낼 수 있을 정도의 기대치를 설정해 줄 때 자녀는 부모의 기대치에 부응하기 위해 열심히 노력하게 되고, 기대치에 이를 때마다 '내가 해냈구나. 나도 할 수 있구나'라고 더한 자신감을 갖게 된다.

두 번째로, 자녀에게 자신감을 심어주려면 쉬운 것에서부터 시작하고 잘하는 것으로부터 시작하는 것이 효과적이다. 어려운 것을 시도할 때 아이들은 별 흥미를 느끼지 못한다. 처음부터 너무 어렵다고 생각하면 시도조차 포기하게 된다. 그러나 반복을 통해 잘하게 될 때까지 기다려주고 칭찬과 함께 그 다음 단계로 나아갈 수 있도록 도와주면 자녀는 점차로 자신감을 키워가게 된다.

자기가치인식

모리스 와그너(Maurice Wagner) 박사는 "가치인식이란 '나는 선한 사람이다' 또는 '나는 바르게 행동한다'고 느끼는 감정"이라고 정의했다. 다시 말하면 가치인식이란 자신이 가치 있고 소중하며 특별한 존재라는 내적 확신과 함께 그 확신에 걸맞는 행동을 할 때 생기는 느낌이다. 그런데 이 느낌은 부모를 비롯해서 자녀에게 중요한 사람들로부터 "너는 이 세상에 단하나뿐인 특별한 존재야. 너는 너무 소중한 아들(딸)이야. 나는 너를 정말 사랑해"라는 메시지를 듣는 것으로부터 출발된다. 그리고 그처럼 특별한 메시지와 함께 자녀를 가치 있는 사람으로 대접해 줄 때 생겨난다. 자녀의 인격을 존중해 주고, 자녀의 생각과 감정을 존중해 주는 부모를 통해서 형성되는 것이다. 나아가 자녀 자신이 들은 메시지대로 행동하게 될 때 자기가치인식은 더욱 확실해진다.

정리하면, 자기가치인식이란 부모가 자녀에게 '특별한 존재'라는 메시지를 전해 주고, 그 메시지처럼 자녀를 대해서 그 자녀도 메시지대로 행동할 때 느끼는 감정이다.

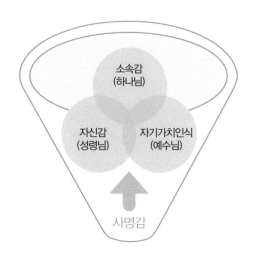

사명감

일반 교육학이나 심리학에서는 앞에서 설명한 것처럼 자긍심의 구성 요소를 주로 세 가지로 나누어 설명하지만 크리스천의 자긍심에는 한 가지 요소가 더 추가된다.

크리스천으로서 가져야 할 소속감은 일반적인 소속감과 더불어 하나님의 가족 안에서 생기는 소속감까지 포함한다. '나는 하나님의 아들이다' '하나님의 딸이다'라는 느낌과 확신이다. 또한 크리스천의 자기가치인식은 예수 그리스도로부터 비롯된다. 자신이 얼마나 중요한 존재인지에 대해 '예수께서 자신의 생명을 내어놓으시기까지 나를 사랑하셔서 구원해 주셨다'라는 믿음이 그것이다. 마지막으로 크리스천의 자신감은 성령의 도우심으로부터 비롯된다. '나는 할 수 없지만 내게 능력 주시는 성령님이 계시기 때문에 내가 그 일을 할 수 있다'라는 믿음에 그 뿌리를 둔다.

여기에 하나 더 추가될 요소는 '사명감'이다. 나는 '사명을 갖고 태어난 존재'라는 인식이다. 다시 말해 무작정 태어난 것이 아니라 하나님 나라를 위하여 '성취해야 할 일을 하기 위해 태어난 존재'라는 삶의 목적의식에서 출발하는 감정이다.

부모는 자녀가 행복한 인생을 살기 원하고 정서적으로 건강한 삶을 살기 원한다. 여기에 덧붙여 자녀를 이 땅의 리더로 키우고 싶어 한다. 자녀가 성공적인 인생을 살기 원하는 것이다. 그런 자녀로 키우기 위해서는 자녀에게 건강한 자긍심을 심어주는 일이 무엇보다 중요하다.

자긍심은 키워주어도 되고 그렇지 않아도 되는 선택 요소가 아
니다. 반드시 키워주어야 할 필수 요소란 사실을 기억하며 자녀들
에게 건강한 자긍심을 길러주도록 하자.

자녀에게 자긍심을 키워주려면

자녀의 자긍심을 어떻게 키워줄 수 있을까? 지금까지 배웠던 것들을 종합하여 구체적으로 실천하면서 자녀에게 건강한 자긍심을 키워주자.

❶ 매일 좋은 거울, 온전한 거울을 보여주라. 마음껏 칭찬하라.

❷ 자녀를 존중하라. 자녀의 감정과 독특한 자질, 그의 생각과 의견을 존중하라.

❸ 소속감을 키우도록 도우라

– 자녀들과 일 대 일로 시간을 함께 갖고 즐거운 가족시간을 가져라.
– 자녀들에게 집안 일을 맡겨라.
– 편애하지 말라.
– 친척이나 친구들과의 만남을 통해 소속감을 키우도록 도우라.
– 교회와 커뮤니티 활동에 참여함으로써 소속감을 키우도록 도우라.

❹ 자신감을 키우도록 도우라

– 당신의 자녀가 해낼 수 있다는 것을 믿으라.
– 자녀에게 새로운 기술이나 경험을 계발하고 발전시켜 나갈 기회를 마련해 주라.
– 자녀가 새로운 경험이나 기술을 시도하고 있을 때 말로 칭찬과 격려를 보내라.
– 자녀로 하여금 몇 가지 결정을 내리고 그 결정을 직접 평가하도록 기회를 주라.

❺ 자기가치인식을 높여주라

'나는 특별한 사람이다. 나는 가치 있는 사람이다. 나는 선한 사람이다. 나는 바르게 행동한다'는 느낌을 갖도록 자녀에게 말과 글로 표현해 주라.

❻ 사명감을 발견하도록 도우라

– 자녀에게서 확인된 능력이나 기술, 재능을 구체적으로 확증해 주라.
– 흥미 있는 과목이나 활동들에 대해 지속적으로 배우는 기회를 갖도록 도우라.
– 도전과 꿈을 심어주는 프로그램에 참여시켜라.
– 교회 봉사나 단기 선교, 도시 빈민 구제 활동과 사회봉사에 참여하도록 격려하라.

자녀에게 무조건적인 사랑을 확인시켜 주라

자녀 양육의 가장 중요한 기초석인 자녀 양육 스타일과 건강한 자긍심에 대해 배웠다. 기초 공사가 끝나고 나면 목수 역할을 하는 부모들은 집의 골격인 기둥을 세우는 작업을 시작한다. '사랑'과 '훈련'이라는 두 기둥이다. 무조건적인 사랑과 효과적인 훈련을 통해 자녀들을 바로 세우기 위해서다. 두 개의 기둥 중 '사랑의 기둥'이 먼저 세워져야 한다. 효과적인 훈련을 위한 전초 작업이 바로 무조건적인 사랑을 통해서 이루어지기 때문이다. 사랑과 인정을 제대로 받지 못하면 자녀가 건강하게 바로 세워질 수 없고, 또한 효과적인 훈련도 불가능하다. 부모로부터 무조건적인 사랑과 인정을 받고 있다고 느끼는 자녀들은 부모가 힘든 훈련을 시켜도 부모가 자기를 사랑하는 줄 알기 때문에 부모의 훈련을 잘 따라간다. 사랑이 결핍된 상태로 훈련에 초점을 맞추게 되면 관계가 나빠지는 역효과를 내거나 훈련에 실패할 가능성이 높기 때문이다.

청소년 자녀와 그 부모들을 대상으로 짤막한 설문조사를 실시했다. 부모와 자녀에게 한 문장의 질문만 주었다.

자녀에게: "너는 너의 부모가 너를 정말 사랑한다고 믿느냐?"

부모에게: "당신은 당신의 자녀를 정말 사랑하는가?"

질문을 받은 부모 가운데 99퍼센트가 "그렇고 말고요. 자식 사랑하지 않는 부모가 어디 있어요?"라는 답을 했다. 그런데 자녀들의 답은 사뭇 달랐다. 33퍼센트의 청소년들만이 "부모님이 나를 정말 사랑한다고 믿는다"라는 대답을 했다. 남은 67퍼센트의 학생들은 "글쎄요" 혹은 "우리 부모님은 나를 사랑하지 않아요"라고 대답한 것이다. 부모와 자녀 사이에 생긴 엄청난 간극은 과연 어디에서 왔을까? 부모는 자녀를 사랑한다고 하는데, 자녀들은 그렇지 않다고 받아들이고 있으니 무엇이 문제인 것일까? 자녀들이 부모가 자신을 사랑하지 않는다고 말한 이유는 무조건적으로 사랑하지 않는다고 느끼기 때문이다. 잘못할 때는 사랑하지 않고 잘할 때만 사랑한다는 뜻이다. 그래서 67퍼센트의 학생들은 그것은 진짜 사랑이 아니라고 생각한 것이다.

당신의 자녀에게 이와 똑같은 질문을 한다면 그들은 과연 어떤 대답을 할까? 위의 질문을 약간 바꿔서 부모인 당신에게 묻고 싶다. "당신은 자녀를 조건적으로 사랑하는가? 아니면 무조건적으로 사랑하는가?"

자녀에게 필요한 사랑

무조건적인 사랑의 모델은 하나님의 사랑에서 찾을 수 있다. 그분은 우리를 있는 그대로 받아주시며 아무 조건없이 사랑하신다. 그분의 사랑은 자신의 독생자 예수와 함께 모든 것을 다 내어주시는 희생적인 사랑이다. 그와 같은 사랑에 감히 견줄 수는 없지만 그래도 하나님의 사랑을 닮은 비슷한 사랑이 있다면 그것은 자식을 향한 부모의 사랑일 것이다. 부모의 자식 사랑은 참으로 눈물겹다. 태어나는 순간부터 무덤에 이를 때까지 끔찍한 사랑을 퍼붓는데, 자녀들이 부모의 사랑을 느끼지 못한다니 말이 될 소리인가? 만약 그들의 말이 맞다면 무엇이 문제인가?

자녀들이 부모의 사랑을 느끼지 못하는 이유 중 하나는 사랑의 커뮤니케이션이 잘못되어 있기 때문이다. 전통적인 한국 가정에서 부모는 자녀에게 사랑을 어떻게 표현했는가? '자식 사랑은 속으로 하라'였다. '자식이나 마누라에게 칭찬을 하거나 사랑한다고 말하는 사람은 팔불출! 그래서 겉으로 표현하는 것은 금물!'이라는 사회 풍토에서 살아온 우리의 부모 세대들은 정말 사랑한다는 말을 드러내놓고 하지 않았다. '말하지 않아도 내 마음 잘 알겠지. 내가 얼마나 사랑하는지 알겠지'라고 생각하면서 살아왔다.

그리고 묵묵히 말 없는 사랑을 실천했다. 자녀를 사랑하기에 열심히 돈을 벌어 자녀들에게 최상의 교육을 시켜주려고 했다. 할 수만 있다면 좋은 프로그램에 비싼 돈 들여 참여시키고 공부하기 좋은 환경을 마련해 주었을 뿐 아니라 좋은 대학에 갈 수 있도록 논밭을 팔아서라도 뒷바라지 해주었다. 새벽부터 밤늦게까지 뼈가 으스러지도록 열심히 일을 했고, 그것이 자녀를 위해 할 수 있는 최선의 사랑이라고 생각했다. 우리 부모 세대의 멀리까지 내다보는 자식 사랑이 이것이었다.

그런데 문제는 자녀들이 '멀리 내다보는 부모의 사랑'을 이해하지 못한다는 것이다. 현재만 바라볼 뿐 멀리까지 생각할 능력이 없는 자녀들은 부모가 자기를 사랑해서 열심히 일하는 것이라고 생각하지 않는다. 새벽부터 밤늦게까지 일하는 엄마 아빠를 보면서 '우리 엄마 아빠는 정말로 나를 사랑하시는구나. 나를 사랑하니까 뼈가 으스러질 때까지 일하시는구나'라고 생각하지 않는다는 것이다. 오히려 자녀들은 이렇게 생각한다. '우리 엄마 아빠에

74

게는 나보다 일이 훨씬 더 중요하구나. 일이 더 중요하고 회사가 더 소중해. 나를 사랑하지 않으니까 나와 함께 시간을 보내주지 않는 거야.'

이렇듯 부모들은 '멀리 내다보는 사랑'을 하지만 자녀들은 '지금 당장, 그리고 여기서(here and now)의 사랑'을 원한다. 그들은 지금 귀로 들을 수 있고 보고 만질 수 있는 사랑, 지금 옆에서 느낄 수 있는 사랑을 원한다. 그들이 사랑을 재는 측정기는 '사랑한다는 말을 얼마나 자주 듣는가? 얼마만큼 관심을 받고 있는가? 나와 함께 보내는 시간의 양과 질은 어느 정도인가? 나를 얼마나 자주 안아주고 등을 쓰다듬어주는가?' 등이다. 그런 것들이 있으면 부모가 자신을 사랑한다고 느끼고, 반대로 그런 것들이 없으면 부모가 자신을 사랑하지 않는다고 생각한다. 물론 자녀들이 성숙한 어른이 된 후에는 '아, 그게 우리 부모의 사랑이었구나'라고 뒤늦게야 깨닫게 된다. 하지만 중요한 것은 어린 시절에 자녀가 부모의 사랑을 어떻게 느끼고 어떻게 생각하느냐 하는 것이다.

자녀가 부모의 사랑을 느끼지 못하는 두 번째 이유는 부모가 '조건적으로 사랑한다'는 것이다. '조건적인 사랑'이란 말 그대로 어느 조건에 부합할 때에만 사랑을 표현하는 것이다. 즉 부모의 마음에 맞는 행동이나 기대에 걸맞는 행동을 할 때에만 사랑하는 것이다. 또 부모의 기분을 맞춰줄 때에만 사랑을 표현하는 것이다. 그런데 조건적인 사랑이 문제가 되는 이유는 조건적인 사랑을 받는 아이들은 정서적 불안을 경험하기 때문이다. 오늘은 사랑을 받았지만 내일은 그 사랑을 받지 못할 수도 있다는 생각으로 인해 불안해한다. 칭찬 받을 행동을 했을 때에는 기분이 하늘을 날아오를 것 같지만 잘못된 행동을 했을 땐 금세 시무룩해지고 그 행동으로 인해 사랑받지 못할까봐 불안해한다. 불안하면 자기조절능력이 떨어지고 자신감이 없어지면서 자기가치를 인식하지 못하게 된다. 결과적으로 자녀들은 열등감을 갖게 되고, 적절한 행동보다는 부적절한 행동을 더 많이 하게 되어 분노의 감정을 쌓아간다.

자녀가 원하는 무조건적인 사랑

자녀들이 부모로부터 진정 받고 싶은 사랑은 '조건적인 사랑'이 아니라 '무조건적인 사랑'이다. '무조건적 사랑'이란 말 그대로 아무런 조건을 달지 않는 사랑을 말한다. 자녀의 처지나 상황, 조건이나 능력에 상관없이 있는 그대로 사랑하는 것이다. 게리 채프먼(Gary Chapman) 박사는 이렇게 말한다.

"무조건적인 사랑은 어떤 모습이든지 상관하지 않고 아이를 있는 그대로 사랑하는 것이다. 아이가 어떻게 보일지라도 관계없이 사랑하는 것, 즉 아이의 장점이나 결점, 장애와 상관없이 사랑하는 것이며, 부모가 자녀에게 기대하는 것과도 관계없이 사랑하는 것이다. 좀 힘들기는 하지만 자녀가 어떤 행동을 하든지 사랑하는 것이다. 이는 자녀들의 모든 행동을 좋아하라는 말이 아니다. 자녀들의 행위가 마음에 들지 않더라도 언제나 변함없이 자녀에게 사랑을 보여주라는 것이다."

'무조건적인 사랑'을 받는 자녀는 행복하다. 정서적으로 안정감을 누리고 부모와 좋은 관계를 맺으면서 성장해 간다. 부모가 자신을 사랑하는 줄 알기 때문에 부모를 기쁘게 하기 위해서 부모가 원하는 적절한 행동을 더 많이 하려고 노력한다. 그래서 매사에 긍정적이며 자기조절능력이 뛰어나고 자신감에 차 있다. 결과적으로 건강한 자긍심을 갖게 된다.

'무조건적인 사랑'에 대해서 강의를 하고 나면 꼭 질문을 하는 부모님들이 있다. 너무 무조건적으로 사랑하면 혹시 자녀가 버릇없는 아이가 되지 않을까 하는 염려다. '무조건적인 사랑'을 받은 자녀는 결코 잘못되는 법이 없다. 적절치 못한 방법으로 사랑하거나 훈련을 제대로 시키지 않아서 문제가 생기는 것이지, '무조건적인 사랑'을 받은 것 때문에 문제가 생기는 것은 아니다.

무조건적인 사랑, 어떻게 할까?

'사랑한다'고 말해 주라

표현하지 않으면 알 수 없으니 말로 표현해 달라는 것이다. 말 안 한다고 사랑하는 걸 모르겠느냐는 것은 부모의 생각이고, 말하지 않으면 어떻게 알겠느냐는 것이 자녀의 생각이다. 그러나 이것은 비단 부모와 자녀의 관계에만 국한된 것이 아니다. 부부 사이에서도 마찬가지다. 그들도 이구동성으로 '표현하지 않는데 내가 어떻게 알 수 있느냐?'고 말한다. 이 말의 이면은 말로 표현하는 것을 어렵게 느끼는 사람들이 많다는 뜻이기도 하다.

원더 워커 박사는 미국의 오클라호마 주에 있는 한 고등학교에서 실시된 '부적응 십대들'에 대한 연구조사를 발표했다. 상담자들이 열 명의 문제 청소년들을 뽑아 그들과 시간을 보내면서 신뢰와 공감대를 형성한 다음, 부모에게 사랑한다는 말을 언제 들었느냐는 질문을 했다. 열 명 중 한 명만이 부모에게 사랑한다는 말을 들은 적이 있다고 했다. 하지만 그는 언제 그 말을 들었는지 기억조차 하지 못하고 있었다.

그와는 달리 학교에서 인정받고 적응을 잘하는 열 명의 학생들을 대상으로 똑같은 질문을 했다. 한 명도 예외없이 "오늘 아침에 들었습니다" "엊저녁에 들었습니다" "어제요"라고 대답했다. 열 명 모두 24시간 내에 사랑한다는 말을 들었다는 것이다.

나도 자녀들에게 시도 때도 없이 "사랑한다"고 말한다. 아침에도 저녁에도 낮에도, 그리고 옆으로 스쳐 지나칠 때에도. 어떤 때에는 그저 딸 이름을 부른다.

"재인아, 있잖아? 엄마가 할 말이 있어."

"뭔데, 엄마?"

"사랑해!"

나를 잘 알고 있는 딸은 내가 할 말이 있다고 하면 "알고 있어요. 엄마"라고 하다가 조금 지나치다 싶으면 "엄마, 알았으니 그만 좀 오버해요"라고 핀잔을 준다. 딸에게 핀잔을 들어도 나는 행복하다. 핀잔을 주는 딸도 행복한 미소를 짓는다. 오버했다 싶을 만큼 자녀를 향해 사랑한다고 말하자.

"아들아, 딸아. 너희들을 사랑한다. 하늘만큼 땅만큼!"

그리고 헤어질 때와 다시 만날 때도 사랑한다고 말해 주자. 아침에 유치원이나 학교에 가는 아이를 향해 "사랑해. 하나님이 오늘도 너와 함께하실 거야. 너를 축복해"라고 표현해 주자. 또 학교에서 돌아온 자녀에게 "수고했다. 오늘은 어땠니?"라고 물으면서 또 사랑을 표현해 주자. 온 가족이 헤어짐과 만남의 시간을 사랑을 주고받는 시간으로 만들어보자.

훈련하거나 행동 교정을 할 때에도 사랑을 확인시켜 주라

자녀들이 부모의 사랑을 조건적이라고 생각하는 데에는 이유가 있다. 부모가 잘한 일에는 칭찬과 함께 사랑한다고 말하지만, 잘못한 일로 꾸중을 할 때에는 부모가 사랑한다는 말을 하지 않기 때문이다. 그런 부모를 보면서 자녀들은 이런 결론을 내린다. "아, 우리 엄마는 내가 잘할 때만 사랑하고 잘못할 때면 사랑하지 않는구나." 그러니 그게 조건적인 사랑이 아니고 무엇이겠는가?

그래서 자녀의 잘못을 교정하는 훈련 때에도 사랑을 확인시켜 주는 것이 중요하다. "아빠가 널 사랑하기 때문에 너의 행동을 고쳐주려고 하는 거야. 알겠지?" 훈련을 위해 꾸중을 하고 벌을 준 후에도 사랑을 확인시켜 주어야 한다. 자녀를 안아주면서 "엄마가 널 사랑하는 것 알고 있지?"라고 말해 주면 자녀는 자신의 행동이 잘할 때나 잘못할 때나 상관없이 부모가 무조건적으로 사랑한다는 것을 알게 된다. 만약 그렇게 하지 않으면 자녀는 부모가 자신을 조건적으로 사랑한다고 생각하게 된다.

게리 채프먼 박사는 『5가지 사랑의 언어』를 통해 전 세계의 수많은 부부들을 위기에서부터 구해내고 행복한 부부로 회복시키는 일에 기여해왔다. 이 책의 시리즈들도 출간되었는데, 초등 자녀를 둔 부모들에게는 『자녀를 위한 5가지 사랑의 언어』를, 청소년 자녀를 둔 부모들에게는 『십대를 위한 5가지 사랑의 언어』를 권하고 싶다. 이 책들은 모두 자녀의 눈높이에서 그들을 효과적으로 사랑할 수 있도록 실제적이고 구체적인 방법들을 제시하고 있기 때문에 큰 도움을 얻을 수 있다.

게리 채프먼 박사가 말하는 5가지 언어란 '육체적인 접촉' '인정하는 말' '함께하는 시간' 그리고 '선물'과 '봉사'다. 그에 따르면 모든 사람은 제각기 자기 고유의 사랑의 언어를 가지고 있는데, 상대방의 언어를 알아내서 그 언어로 사랑을 표현해야 상대방이 자신을 사랑하는 줄 제대로 알게 된다는 것이다. 그래서 각 사람이 가진 다섯 가지 가운데 제 1의 사랑의 언어와 제 2의 사랑의 언어 두 가지는 반드시 알아두고 그 사람의 언어로 표현해 줄 필요가 있다. 나머지 다른 언어들도 가능한 한 자주 표현해 준다면 그 사람의 '사랑의 그릇'이 가득 차게 되어 행복과 사랑을 느끼게 된다고 한다. 수십 번에 걸쳐 부부와 자녀를 위한 '5가지 사랑의 언어 세미나'를 인도하면서 게리 채프먼 박사의 주장처럼 상대방의 언어로 사랑을 표현함으로써 관계가 몰라보게 향상되는 가족들을 많이 보았다.

자녀를 위한 사랑의 언어도 마찬가지다. 5세 미만의 자녀에게는 그들의 언어를 찾을 필요 없이 '골고루 많이, 가능한 한 자주' 표현해 주는 것이 좋다. 그래야 정서적으로 건강한 자녀로 성장하기 때문이다.

자녀가 5세 정도 되면 제 1의 사랑의 언어가 조금씩 나타나게 되는데, 몇 가지 사항들을 점검해 보면 자녀의 사랑의 언어를 쉽게 찾을 수 있다. 게리 채프먼 박사가 알려주는 가이드에 따라 자녀들의 언어를 찾아보자. 그리고 그 언어로 사랑을 표현해 보라.

다음은 '5가지 사랑의 언어 세미나'를 진행하면서 나의 관점으로 다시 정리한 5가지의 사랑의 언어들이다.

tip

자녀를 위한 사랑의 언어를 찾으려면

- 자녀가 당신에게 사랑을 어떻게 표현하는지 잘 관찰하라(5세부터 10세까지의 자녀).
- 자녀가 다른 사람들에게 사랑을 어떻게 표현하는지 살펴보라.
- 자녀가 가장 자주 요구하는 것이 무엇인지 그것에 귀 기울여라.
- 자녀가 자주 불평하는 것이 무엇인지 잘 관찰해 보라.
- 자녀에게 다섯 가지 언어에 해당하는 활동 중에서 두 개를 고르고, 그 중에서 다시 하나를 선택하게 하라.

• 육체적인 접촉

어린아이에게 사랑을 전달하는 확실한 방법은 '터치(touch)'다. 말로 표현하는 사랑은 귓가에 맴돌다가 사라질 수 있지만 터치는 아이의 피부에 사랑을 새기는 일이다. "아이들은 손을 많이 타면 버릇이 나빠진다"고 옛날 어른들이 하셨던 말씀이 기억난다. 자주 안아주면 더 안아달라고 보채니까 그런 말을 했겠지만, 많이 안아 주어서 버릇이 나빠진 아이는 이 세상에 없다. 오히려 많이 안아 주지 못해서 잘못된 아이들이 수없이 많을 뿐이다.

요즘 '터치 치료(Touch Therapy)'라는 말을 심심찮게 듣게 된다. 환자들에게 터치가 얼마나 중요한 역할을 하는지 밝히는 연구들도 많다. 미국 마이애미 대학에 터치연구소(Touch Research Institute)가 있는데, 그곳에서 발표된 연구만 해도 100여 개가 넘는다. 터치가 환자의 치료를 어떻게 돕는가에 초점을 맞추고, 같은 상태의 환자들 가운데 한쪽은 터치를 해주고, 다른 한쪽은 터치를 하지 않은 상태에서 회복의 진행 상황과 결과를 비교·연구하는 것이다. 이 연구들에 따르면 터치를 통해 미숙아의 몸무게 증진, 집중력 증가, 우울증 감소, 통증 감소, 스트레스 호르몬의 감소, 면역 기능의 증진이 이루어진다고 한다.

터치는 우리의 감각에 있어서도 가장 중요하고 기초적인 것으로 알려져 왔다. 유아들의 정상적인 성장을 위해서도 터치가 반드시 필요하다. 특별히 유약한 어린이나 미숙아들에게 있어서 터치는 가히 놀랄 만한 치료 효과를 가져온다는 것이 터치연구소의 결론이다. 이런 실험이나 연구 발표가 아니어도 우리 선조들은 터치의 효과를 잘 알고 있었다. 아이가 아파서 보채면 엄마는 아이 배를 문지르기 시작한다. "엄마 손은 약손, 성은이 배는 똥배" 하면서 따뜻한 손으로 한참을 만져주면 아프던 배가 신통하게 가라앉는 것을 체험으로 알고 있다.

아이가 자신감이 부족하다면 더욱 자주 안아주라. 문제가 있어 보이는 아이들에게 사랑의 터치를 보내라. 손을 잡아주고, 머리를 부드럽게 쓰다듬어주며, 어깨를 두드려주고, 등을 쓸어주고, 따스한 가슴으로 안아주라. 터치를 통해 부모의 사랑을 각인시켜주고 아픈 곳을 치료해 주라. 아플 때도, 건강할 때도, 기쁠 때도, 슬플 때도 사랑의 터치를 보내라. 자녀들은 이처럼 우리의 포옹을 필요로 하고 있다. 우리의 사랑과 손길을 기다리고 있다. 우리 부모들의 손에는 놀라운 사랑과 치유의 능력이 숨겨져 있다.

만약 이 터치를 지속적으로 거부하는 아이가 있다면 그것은 아이가 깊이 상처를 받았다는 증거다. 또는 부모와의 관계가 좋지 않다는 증거이기도 하다. 그럴 경우 터치 이전에 관계를 개선하기 위한 전문가의 도움을 받을 필요가 있다.

터치를 통한 치료에 관하여 참으로 멋진 이야기가 조엘 오스틴 목사의 『긍정의 힘』에 실려 있다.

태어난 지 며칠 안 된 쌍둥이의 불가사의한 이야기를 들어본 사람이 있을 것입니다. 쌍둥이 중 한 아이가 심장에 큰 결함을 안고 태어났는데, 의사들은 하나같이 그 아이가 곧 죽게 될 것이라고 예상했습니다. 며칠 동안 그 아기는 병세가 계속 악화되어 죽기 직전까지 이르렀습니다. 그때 한 간호사가 쌍둥이를 하나의 인큐베이터에 함께 넣자는 의견을 내놓았습니다. 이는 병원의 방침에 어긋나는 일이었기에 담당 의사는 잠시 고민했지만, 결국 엄마의 자궁에서처럼 두 아이를 한 인큐베이터 안에 나란히 눕히기로 했습니다. 그리하여 쌍둥이는 한 인큐베이터에 눕게 되었습니다.

그런데 건강한 아이가 팔을 뻗어 아픈 동생을 감싸안았습니다. 그리곤 갑자기 아무런 이유도 없이 동생의 심장이 안정을 되찾기 시작했고 혈압도 정상으로 돌아왔습니다. 그 다음에는 체온이 제자리로 돌아왔습니다. 동생은 조금씩 나아졌고, 현재 두 아이는 완전히 정상으로 무럭무럭 자라고 있습니다.

• 인정하는 말

사랑은 또한 칭찬과 인정을 통해 전달되고 확인된다. 칭찬과 인정해 주는 말을 들으면 '그 사람이 나를 좋아하는구나. 나의 가치를 알아주는구나'라는 생각이 든다. 그래서 칭찬과 인정을 많이 해주는 사람을 좋아하게 된다. 또 그 사람 곁에 있으면 기분이 좋아지고, 살맛이 나고, 자신감이 살아나면서 힘과 용기가 치솟는다. 더불어 내 안에 꿈틀거리는 잠재력에 불이 붙게 되고, 가능성의 문이 활짝 열린다.

어떤 사람들은 "칭찬을 너무 많이 하면 아이가 교만해질까봐 두려워서 칭찬하기를 주저한다"고 말한다. 여러분은 그 말에 대해 어떻게 생각하는가? 여러분들도 칭찬과 인정하는 말을 들을 때면 교만이 고개를 들고 일어나는가? 아니면 위에서 말한 것처럼 자신감과 용기 그리고 힘이 넘쳐나는가? 여러분이 느끼는 대로 여러분의 자녀들도 동일하게 느낄 것이다. 만약 여러분의 생각에 칭찬과 인정하는 말이 아이를 잘못되게 할 것 같으면 결코 칭찬을 하지 말라. 그러나 칭찬과 인정이 여러분의 삶에 긍정적인 영향을 끼쳤다면 자녀들에게도 많이 칭찬해 주고 인정해 주라. 칭찬해 주지 못해 몸살난 사람처럼 칭찬거리를 찾아 칭찬해 주라. 그리고 어떤 일이 일어나는지 관찰해 보라.

• 함께하는 시간

사랑의 또 다른 언어는 '함께하는 시간'이다. 사랑하는 사람과는 끝없이 함께 있고 싶다. 함께하면서 생각과 의견과 감정을 서로 나눈다. 맛있는 식사를 함께 즐기고 음악을 듣고 영화 구경을 함께한다. 함께 산책을 하거나 운동 경기에 참여하고 의미 있는 활동들을 함께하면서 강한 친밀감과 연대감을 경험하게 된다.

이 세상에 태어난 자녀들에게 부모는 사랑하는 애인과 같은 존재다. 아니 애인보다 더한 존재일 것이다. 그들은 엄마 아빠를 너무너무 사랑해서 늘 함께 있고 싶어 한다. 함께 이야기를 나누고 무엇이든 함께하고 싶어 한다. 함께 있으면 세상에 두려울 게 하나도 없을 듯한 안정감이 생긴다. 또 부모와 함께 있으면 행복하다. 왜냐하면 사랑하니까.

자녀와 함께 책을 읽고 함께 놀아줄 때, TV를 함께 보고 자녀의 눈을 바라보면서 진지하게 이야기를 들어줄 때 아이들은 그 속에서 부모의 사랑을 느낀다. 아플 때 함께 있어 주고, 기쁨의 자리에 함께 있어 주고, 힘들고 어려울 때 '내가 널 이해해. 얼마나 힘든지 알고 있어'라는 자세로 함께해 줄 때 자녀는 엄청난 사랑을 전달받게 된다. 부모와 자녀 사이에 강한 유대감이 생기는 순간이기도 하다.

그런데 만약 부모가 바빠서 자녀와 함께하는 시간을 갖지 않으면 그들은 이렇게 생각한다. '부모님은 나에게 관심이 없어. 아빠에겐 나보다 일이 더 중요해. 엄마는 나를 사랑하지 않아'라고 생각하고 그렇게 믿어 버린다. 그리고는 자신을 향해 사랑 받지 못한 아이로 낙인을 찍는다. 여기서부터 문제가 발생한다. 사랑 받지 못한 아이들에게서 보이는 온갖 문제들 말이다.

• 선물

아이들의 부모 사랑은 이렇게 시작된다. '사랑은 주는 것'이란 사실을 언제부터 알았는지 신통하기만 하다. 아이들은 구체적으로 어떻게 사랑하는지 잘 알고 있다. 이것이 아이들에게서 배워야 할 사랑이다. 아이는 사랑하는 엄마 아빠에게 줄 선물들을 찾기 시작한다. 카드를 만들어서 가져오고, 블럭으로 집을 지어오고, 찰흙으로 장난감 인형을 만들어온다. 들에 나가면 들꽃을 꺾어 엄마 손에 쥐어주고 낙엽을 모아 건네준다. 선물이라면서 먹던 캔디를 엄마의 입에 넣어준다. 하루에도 몇 장씩 그림을 그려 선물을 준다.

그리고는 자신의 선물을 받아 든 엄마 아빠의 눈치를 살피기 시작한다. 얼마나 기뻐하는지, 얼마나 좋아하는지 부모의 반응을 보고 싶어 한다. 반응이 없으면 이내 실망하게 된다. 그리곤 이번에는 좋아할 거라며 다시 선물을 가져온다. 조심스레 부모의 반응을 살핀다. 행여라도 선물을 보면서 시큰둥한 반응을 보인다면 아이는 이내 절망하게 된다. '우리 엄마 아빠는 내가 준 선물을 안 좋아해. 나를 싫어하나봐. 나를 사랑하지 않나봐.' 그리고 해가 갈수록 선물 가져오는 횟수가 줄어든다. 카드도 그림도 더 이상 가져오지 않는다. 선물받은 엄마 아빠가 좋아서 기뻐하는 모습을 보여주지 않아서이다. 즉 사랑을 확인하지 못했기 때문이다.

아이들은 사랑하는 사람에게 선물을 주고 싶어 하고, 그 사람으로부터 선물을 받고 싶어한다. 보이는 것과 만져지는 것을 통해 사랑을 느끼고 확인한다는 말을 기억하는가? 선물이 중요한 이유는 사랑을 전달하는 힘이 그 속에 담겨 있기 때문이다. 그래서 아이들은 선물을 받으면 '와! 우리 아빠는 나를 정말 좋아하나봐. 나를 정말 사랑하나봐'라고 생각하면서 기뻐하고 행복해한다. 선물을 바라보면서, 만져보면서, 사용하면서, 입으면서, 목에 걸고 손가락에 끼우면서, 장난감을 가지고 놀면서, 선물로 받은 책을 읽으면서 아빠의 사랑을 생각한다. 엄마의 사랑을 고마워한다. 그 속에서 사랑을 느끼고 확인할 수 있기 때문이다.

"네 생각이 나서 사왔어. 너 줄 생각하면서 고르니까 기분이 너무 좋더라. 네가 좋아하는 아이스크림 사왔어." 의미 있는 사랑의 말과 함께 전달하면 초콜릿 하나, 껌 한 통도 멋진 선물이 된다는 사실을 알게 된다면 선물 주는 게 그리 어렵지 않다. 그리고 선물과 함께 의미 있는 카드나 편지로 사랑을 전달한다면 기막히게 멋진 선물이 된다. 편지나 카드도 선물에 속한다. 사랑하는 사람으로부터 받은 카드나 편지가 얼마나 우리를 행복하게 하는가? 얼마나 자주 그 편지를 읽으면서 사랑에 감격해하는가?

특별한 날에 선물을 받지 못하면 아이들은 크게 실망한다. 부모가 자기에게 관심이 없다고, 사랑하지 않는다고 결론을 지을 수도 있다. 자녀들에게 선물할 때 값은 그리 중요하지 않다. 경제적으로 여의치가 않아도 마음만 있으면 충분하다. 카드 살 돈이 없다면 종이 한 장으로도 선물이 되는 편지를 쓸 수 있다.

내게 보물과 같은 재산 목록이 하나 있다. 우리 아이들에게 유산으로 물려줄 목록 제 1호다. 그것은 어려서부터 아이들에게 썼던 편지와 카드들을 모아둔 바인더다. 아이들은 내게 받은 편지나 카드를 며칠 동안 그들의 책상 위에 놓아둔다. 며칠이 지나고 나면 아이들의 책상 위에 있던 편지와 카드를 바인더에 끼워두었다. 시간이 지나면 버려질 것이라 생각하니 아까워서 모아둔 것이다. 생일, 밸런타인데이, 크리스마스에 주고 받은 카드들, 여행 중에 보낸 카드와 특별한 날에 보낸 편지들, 힘들 때, 슬플 때, 축하할 일이 생겼을 때, 상을 받았을 때, 기쁠 때, 속상할 때, 선교여행이나 수련회 갈 때, 혹은 행사를 위해 멀리 떠날 때 가방 속에 초콜릿과 함께 넣었던 카드들…. 아이들에게 받은 카드나 편지도 그 속에 함께 넣어 두었다.

아이들이 어렸을 때부터 사랑의 쪽지를 주고받도록 격려하기 위해 '사랑의 카드 박스'를 만들어 선반 위에 올려두었다. 그 박스 안에다 예쁜 카드나 편지지를 사서 담아놓는다. 그러면 누구든지 가족들에게 편지를 쓰고 싶을 때는 그 안에 있는 카드나 편지지를 골라서 사용할 수 있도록 했더니 주고받은 편지들이 꽤 많아졌다.

그 편지와 카드들을 모아 아들에게 줄 바인더 한 권과 딸에게 줄 바인더 한 권을 만들었다. 아주 어릴 적부터 주고받은 사랑의 이야기책이다. 내가 죽을 때 이것 하나만으로도 기억이 되는 사랑의 선물이 될 것이다. 하루는 딸 재인이 자기의 바인더를 펼쳐보더니 내게 물었다.

"엄마, 이 편지는 내가 너무 못 쓴 건데 왜 지금까지 버리지 않고 여기에 넣어 놨어요?"

"응. 재인이가 엄마에게 준 것은 무엇이든 너무나 소중해서 버릴 수가 없었단다."

그 말을 듣는 순간 재인이의 입가에 미소가 번졌다.

• 봉사

사랑의 다섯 가지 언어 중 마지막 언어는 '봉사'다. 봉사란 사랑하는 사람을 기쁘게 하기 위해서 그 사람이 좋아하는 일을 하는 것이다. 자녀가 좋아하는 간식과 음식을 만들어주고, 자녀의 방을 정리해 주고, 자녀의 고장난 장난감을 고쳐주고, 숙제가 어려워 어떻게 해야 할지 힘들어할 때 도움을 주는 것이다. 부모는 자녀가 하기 어려운 일을 도와줌으로써 사랑을 표현한다.

그런데 자녀를 위한 봉사를 할 때 기억해야 할 사항이 있다. 나이에 맞는 봉사를 하라는 것이다. 나이에 맞는 봉사란 자녀 나이에는 하기 어렵거나 할 수 없는 일을 해주라는 뜻이다. 또한 때에 맞는 봉사가 중요하다는 점도 기억해야 한다. 아이들이 정말 힘들어할 때, 어려워서 못하겠다고 도움을 요청할 때는 가능하면 거절하지 말고 도와주는 것이 좋다. 만약 너무 바쁘거나 힘들어서 부탁을 했는데도 부모가 거절한다면 그들은 낙심함과 동시에 부모의 사랑을 느끼지 못할 것이기 때문이다.

자녀에게 '봉사'라는 언어로 사랑을 표현하게 되면 그들도 부모의 본을 받아 성장해 가면서 봉사하는 삶을 살게 될 것이다.

날마다 자녀를 축복하라

부모로부터 축복기도를 받으면서 자라는 아이들은 자신이 사랑받는 존재라는 사실을 알게 된다. 특별하고 중요한 존재로 인정받고 있음을 확인한다. 아빠의 무릎에 앉거나 엄마의 품에 안겨서 축복기도를 받는 아이들을 하나님이 약속하신 말씀대로 축복하시지 않겠는가?

부모에게 특권으로 주어진 자녀를 위한 축복기도를 어떻게 하면 될까? 랄프 가복의 『하루에 한 번 자녀를 축복하라』를 보면 축복기도에 대한 여러 가지 아이디어를 얻을 수 있다. 그러나 그것보다 더 감동적인 부분은 부모가 드린 축복기도의 열매가 자녀들의 삶에서 나타나는 것을 보는 일이다. 자녀들이 '부모의 축복기도 없이는 안 된다'는 사실을 깨닫고 멀리서도 부모의 축복기도를 받기 위해 매일 전화한다는 이야기는 크리스천 부모들에게 크나큰 도전을 안겨준다.

자녀를 위해 축복기도를 하려면

첫째, 축복기도를 할 때는 자녀가 잘한 것들과 감사한 것들을 한두 가지 생각하면서 그 일로 인해 감사한다.
둘째, 성경 말씀 가운데 축복하고 싶은 구절을 골라 그 구절을 축복기도의 내용으로 삼는다.
셋째, "예수님 이름으로 축복하며 기도합니다"로 끝을 맺는다.

축복기도를 하려면

첫째, 부모가 축복기도에 대한 믿음과 확신을 가져야 한다. 하나님께서 부모에게 주신 축복권을 사용하므로 부모의 축복이 자녀의 삶에 임한다는 확신을 갖고 기도해야 한다.

둘째, 부모의 터치를 통해 부모에게 주신 축복권이 자녀에게 전달된다는 사실을 기억하고 축복기도를 할 때는 터치를 한다. 성경에서 보면 축복기도를 할 때 머리에 손을 얹는 안수의 형태가 많았다. 머리나 혹은 신체의 어느 부분이든 부모나 자녀가 편안함을 느끼는 터치가 좋다. 손을 잡든 어깨에 손을 얹든 터치하면서 기도하는 것이 좋다.

셋째, 기도는 짧게 한다. 자녀와 함께할 때 긴 기도는 그다지 바람직하지 않다. 기도를 길게 하면 자녀들의 집중력이 금방 떨어져서 다른 생각을 할 수 있기 때문에 가능하면 짧게 기도하라는 것이다. 어렸을 때는 부모와 함께 있는 것만으로도 좋은 시간이기 때문에 기도가 길어도 아이들은 개의치 않는데, 자녀가 커갈수록 점점 긴 기도를 싫어하게 된다. 긴 기도가 싫어지면 축복기도를 받는 것도 싫어하게 된다는 사실을 기억하자.

넷째, 아이들이 하루를 지내면서 잘못한 일들을 기억했다가 축복기도 시간을 통해 자녀에게 설교하듯 넌지시 기억나게 해주는 내용은 그리 바람직하지 않다. 예를 들면, "우리 사랑이가 오늘 아빠 말을 안 들었는데 다음부터는 아빠 말 잘 듣게 해주시고, 동생과도 싸웠는데 다음부터는 동생 때리지 않고 사이좋게 놀도록 도와주세요"와 같은 기도다. 이런 기도를 듣고 있는 자녀의 마음속에 어떤 생각이 들까 상상해 보라. '우리 엄마는 하루종일 나를 보고 있다가 내가 무엇을 잘못했는지 모두 기억하고 있구나. 내가 잘못한 것을 하나님께 일러 바치는구나'라고 생각하지 않을까? 매일 하나님께 자신의 잘못을 고해 바치는 그 시간을 어느 누가 좋아하겠는가? 자녀의 잘못을 고치도록 기도하고 싶으면 혼자서 기도할 때 자녀를 위해 중보기도하는 것이 좋다.

축복기도는 부모가 해도 되고 안 해도 괜찮은 선택사항이 아니라 필수사항이다. 부모가 매일 자녀를 축복하면 그 축복이 자녀의 삶에 임한다. 부모인 우리가 축복하지 않으면 자녀들의 삶에 그 축복이 돌아가지 않는다. 이 점을 생각하면서 피곤하고 힘들더라도 축복기도를 반드시 하기를 바란다.

'무조건적인 사랑'은 리더로 키우기 위한 자녀 양육의 중요한 가정 원칙이다. 아이는 어린 시절에 사랑을 얼마나 많이 받았느냐에 따라 앞으로의 인생의 질이 결정되어지고, 어른이 되어서는 남들을 위해 얼마나 많이 나누고 내어주느냐에 따라 평가된다. 자녀는 사랑과 인정을 받은 만큼, 칭찬과 격려를 받은 만큼 그의 인생이 풍요롭고 넉넉해진다. 부모에게 받은 사랑과 인정은 자녀의 삶에 영양분이 되어 자녀가 정서적·사회적으로 건강한 인생을 살아가도록 한다. 더욱이 우리 자녀들이 어린 시절부터 무조건적인 사랑과 인정을 받으면서 성장해 간다면 미래의 좋은 리더의 자질을 갖추게 되는 것이다.

효과적인 훈련을 통해
자기주도적인 아이로 키워라

집을 지으면서 기둥을 세울 때 원칙이 있다면 대개 기둥의 길이를 같게 한다는 것이다. 기둥의 길이를 다르게 세우는 목수는 없다. 그런데 자녀 양육이라는 집을 지을 때 많은 부모들이 기둥의 길이를 다르게 한다. 예를 들어, '사랑'이라는 기둥은 잘 세우지만 '훈련'이라는 기둥은 잘 세우지 못하거나 그와 반대로 세우는 경우다. 균형잡힌 자녀 양육이 이루어지려면 '사랑'이라는 기둥과 함께 '훈련'이라는 기둥도 잘 세워야 비로소 자녀들이 건강하게 성장해 갈 수 있다는 사실을 기억하자. 사랑과 인정이 충분히 채워지지 않은 채 훈련을 하려면 아이가 잘 따라오질 않는다.

그런데 부모로부터 무조건적인 사랑과 인정을 받고 있다고 느끼게 되면, 그때부터 아이들은 힘든 훈련을 시킬지라도 부모가 자기를 사랑하는 줄 확신하기 때문에 훈련을 잘 따라간다. 그래서 첫 번째 '사랑'의 기둥이 잘 세워지고 있는지 확인하면서 두 번째 기둥인 '훈련'을 해야 한다.

2011년 1월, 프리랜서 작가이자 신앙에 관한 이슈를 야후에 기고하는 쉐릴 영(Sheryl Young) 여사는 최근 젊은 세대가 교회를 떠나는 현상에 대해 관심을 두고 출간된 책들 ─ 드루다이크의 『엑스 크리스천 세대』, 켄 햄, 브릿 비머 및 타드 힐러드가 공저한 『이미 가버린 그들』, 맥도웰과 그린키가 지은 『마지막 크리스천 세대』 등 ─ 을 중심으로 밀레니엄세대(미국에서 1980년부터 2000년 사이에 태어난 사람들)들이 교회를 떠나는 이유를 발췌해서 글을 발표했다. 여러 가지 이유 가운데 자녀 양육과 관련된 이유들을 살펴보면 다음과 같다.

첫째, 삶과 연관성이 없는 성경공부에서 더 이상 의미를 찾지 못하고 있다.

둘째, 교회가 가정 폭력이나 학대, 심각한 이혼 문제와 인종 화합, 그 외의 여러 가지 난제들을 해결할 수 있는 답이나 방향 제시를 해주지 못하고 있다.

셋째, 체벌을 비롯한 어떤 자녀 훈련이나 비평도 용납하지 않는 대중심리학의 영향을 받고 자란 밀레니엄 부모들은 자신의 자녀들이 교회에 출석해야 할 필요성을 느끼지 못하고 있으며, 자녀에게 신앙 교육을 시키고 믿음을 전수하여 기독교 세계관으로 살아가는 자녀로 기르기를 망설인다.

위의 세 가지 이유들을 정리해 보면 '교회의 성경공부가 현재 나의 삶에 직접적인 도움이 되지 못하고 있다. 나는 가정생활을 하는 남편이거나 아내이며, 자녀를 키우고 있는 부모다. 나는 가정에서 여러 가지 어려움과 문제들을 겪고 있다. 그런데 그런 문제들을 어떻게 풀어야 할지에 대한 구체적인 가르침을 교회나 성경공부에서 찾지 못했다. 그러기 때문에 교회에 갈 필요가 없다'라는 생각을 하면서 교회를 떠난다는 것이다.

나는 성경이 행복한 삶의 원리와 원칙을 제시해 주는 길잡이이며, 우리가 경험하는 문제에 대해 해결의 실마리를 제공해 주는 열쇠라고 확신한다. 그런데 오늘날 젊은이들은 왜 성경공부를 통해 삶에서 부닥치는 문제들에 대한 답을 얻지 못하고 있다고 말할까? 그들의 불만을 이해하는 측면으로 해석해 본다면 그동안 교회 지도자들이나 성경공부 인도자들이 성경 말씀을 지식으로 가르치는 입장에만 그쳤다는 말일 것이다. 말씀의 배경과 뜻과 원리를 설명하지만 그 말씀이 삶 속에서 어떻게 구체적으로 적용되고 실천될 수 있는지에 대해서는 가르쳐주지 않았다는 말이다. 예를 하나 들어보자. 쉐마의 말씀인 신명기 6장 7절의 "네 자녀에게 부지런히 가르치며 집에 앉았을 때에든지 길을 갈 때에든지 누워 있을 때에든지 일어날 때에든지 이 말씀을 강론할 것이며"를 어떻게 실천하도록 가르칠 것인가 하는 문제다. 오늘날 부모들은 이 구절에 맞게 자녀를 키울 생각을 하지 않고 있다. 잠언에서 말하는 자녀 훈련의 원칙들도 따르려고 하지 않는다. 세 번째 이유가 그들의 생각을 잘 대변해 주고 있다. 베이비 부머(65~45세의 나이) 부모들로부터 제대로 훈련받지 못한 그들, 체벌과 꾸중을 금기시하며 키웠던 부모들의 영향과 대중심리학의 영향을 받은 그들은 '자녀 훈련'에 관한 잠언의 구절을 읽을 때마다 기절초풍하겠다는 태도를 보인다. 그래서 성경에서 말하는 자녀 양육은 구세대 부모들이나 따랐을 법한 것이라고 생각한다. 그러다보니 그들은 기독교 가치관으로 자녀를 양육할 생각을 하지 않으며, 자녀들이 신앙생활을 잘하도록 가르치는 일에도 큰 관심이 없다. 이것은 엄청난 도전이자 실로 큰일이 아닐 수 없다.

위의 사실을 증명해 주듯 심각한 자녀 문제로 내게 상담을 받으러 오는 대부분의 부모들은 훈련이라는 대목에서 실패한 케이스들이다. 자녀 양육 스타일에서 배웠듯이 바람직하지 않은 훈련 방법들을 사용한 결과로 훈련에 실패했든지, 아예 제대로 훈련을 하지 않아서 실패한 경우들이 많았다.

자녀 양육에서 가장 힘든 부분이 있다면 그것은 바로 '훈련'일 것이다. 훈련은 오랜 시간에 걸친 과정 끝에서 맛볼 수 있는 결과물이자 열매이기 때문이다. 부모가 훈련을 시작하자마자 자녀들은 부모가 원하는 행동을 하지 않는다. 배움이 행동으로 옮겨지기까지는 오랜 학습 과정을 통해 조금씩 훈련되어야만 가능하다. 무엇보다 훈련된 부모라야 훈련된 자녀로 키울 수 있다. 자녀를 가르치기 전에 부모가 먼저 배워서 실천해야 할 영역도 바로 훈련이라는 사실을 간과할 수 없다.

성경이 말하는 훈련

훈련의 정의

훈련(discipline, training)이라는 말은 라틴어로 '가르친다'라는 말에서 유래되었는데, '적절한 행동을 하도록 혹은 어떤 일을 규칙적으로 하도록 가르치고 인도하는 것'을 말한다. 교육은 지식을 가져다주고 훈련은 기술을 가져다준다. 교육은 마음을 채우고 훈련은 습관을 형성케 한다. 훈련은 기술을 배우는 것과 같다. 즉 내가 배워야 할 기술에 대해 배우고 이해한 다음, 이해한 것을 실습을 통해 내 것으로 만드는 작업이다. 처음엔 의지적인 노력이 필요하지만 나중엔 자동적으로 그 일을 하게 된다. 이것이 바로 기술을 배우는 과정이며, 훈련하는 과정이다.

신약성경에 나오는 '훈련'이란 단어는 디모데전서 4장 7절에 나오는데 헬라어로는 '굼나조(Gumnazo)'라고 한다. 루 프리올로는 그의 저서 『네 자녀를 노하게 하지 말라』에서 '굼나조'란 연습이나 반복을 통해 하는 훈련이라고 말한다. 즉 끊임없는 연습을 통해 한때는 불가능했던 것들이 손쉬운 일이 되고, 마침내는 좋은 습관이나 버릇처럼 제 2의 천성이 되어버린 것이다. 또한 성경적인 훈련이란 바른 목적을 위해 바른 태도를 갖고 바른 행동을 연습함으로서 잘못된 행동을 바로잡고, 바른 행동이 습관이 되도록 하는 것이라고 말한다.

훈련의 목적

훈련의 첫 번째 목적은 자기훈련(self discipline)된 자녀로 키우는 것이다. 처음에는 부모의 인도 아래 훈련을 받기 시작하지만 어느 정도 시간이 지나면 스스로 훈련이 되어 부모의 도움이 필요없게 된다. 두 번째 목적은 자기 삶에 대해 책임을 다하는 성숙한 자녀로 키우는 것이다. 자녀들이 스스로를 통제하고 자기훈련을 통해 책임 있는 결정을 내리며, 스스로의 인생을 개척해 나가도록 인도하는 것이다.

마땅히 행할 길을 아이에게 가르치라 그리하면 늙어도 그것을 떠나지 아니하리라(잠언 22:6)

성경에는 훈련에 관한 구절들이 많이 나온다. 특별히 잠언을 읽다보면 자녀 교육과 훈련에 관한 교훈들을 여기저기서 보게 된다. 그런데 이런 성경 구절들을 읽으면서 혼동이 일어난다. 구절과 구절들이 서로 상충되는 것 같기도 하고, 서로 일관성이 없어 보이기도 한다. 나 또한 이 구절들을 붙들고 정확한 내용을 이해하고자 씨름했었다. 그러는 가운데 혼동을 일으키는 이유가 번역에 있음을 알게 되었다. 영어와 한글 단어의 뉘앙스가 서로 다른 데서 빚어지는 문제였다. 성경에서는 훈련(discipline)이란 단어가 압도적으로 많이 나오는데 반해, 벌이나 징계라는 말에 해당되는 'punishment'라는 단어는 몇 군데밖에 나오지 않는다. 자녀 양육과 관련된 구절에 대해 영어 성경에서는 대부분 훈련이라는 말을 사용했지만 징벌이라는 단어는 거의 사용하지 않았다. 그런데 한글 성경에서는 매우 엄하고 무섭게 자녀를 다루는 것이 잘 훈련하는 것이라는 뉘앙스로 번역된 구절들이 더러 있었다.

아마도 영어 성경이 한글로 번역되던 시대적 배경이 유교 문화권의 지배를 강하게 받고 있던 시기였기 때문이라고 생각된다.

성경이 한글로 번역된 때는 1800년대 말부터 1900년대 초반으로 유교 문화가 사회 전체를 지배하던 시대였다. 그 당시 성경 번역자들이 지켜야 할 가이드라인 중 하나가 '문자 그대로의 축자적 번역보다는 의미에 유의하여 조선어의 관용구를 그대로 살린다'는 것이었다. 특별히 후반부에 언급된 '조선어의 관용구를 그대로 살린다'는 말은 그 시대 문화에 적합한 단어를 사용하는 것을 원칙으로 했기 때문에 훈련이라는 말보다 권위주의 부모에게 알맞는 징계라는 말을 사용했으리라 추측된다. 그 당시에는 훈련이라는 개념이 무섭게 매를 때리거나 벌을 주고 엄하게 교육시키는 것이었다. 그런 이유로 인해 잠언에 있는 구절들이 권위주의적으로 매를 때리고 벌을 주면서 키우는 것을 장려하는 것처럼 번역되었다는 것이다. 한글 성경에서의 '징계하라'는 말은 영어 성경에서 모두 'discipline'이라는 말로 쓰여 있는데 말이다.

여기서 성경 번역의 옳고 그름을 따지기보다는 이 구절로 인해 부모들이 훈련에 대해 오해하지 않기를 바라는 마음이다. 한글 성경을 읽으면서 '훈련'의 의미가 잘못 해석되거나 '자녀를 채찍과 초달과 매와 벌로 무섭게' 다스리는 것이 '성경적인 훈련 방법'인 것으로 오해되어서는 안 된다는 말이다. 성경에서는 채찍이나 초달이라는 말에도 '교정을 위해 사용하는 매(rod of correction)'라는 단어가 붙는다. 매는 화가 난 부모들의 화풀이 도구가 아니라는 말이다.

잠언 19장 18절 말씀도 잘못 번역된 구절 중 하나다. "네가 네 아들에게 희망이 있은즉 그를 징계하되 죽일 마음은 두지 말지니라" 이 구절에 대해 NIV 성경은 이렇게 적고 있다. "Discipline your son, in that there is hope. Do not be a willing party to his death." 영어 구절을 잘 살펴보면 아들에게 희망이 있다는 말이 아니라 훈련에 희망이 있다는 뜻이다. 직역하면 "네 아들을 훈련하라. 그 안에(거기에) 소망이 있기 때문이다. 죽음으로 인도하는 그런 역할은 하지 말아라"는 의미다. '그 안에 소망이 있다(in that there is hope)'라는 말은 어디 안에 소망이 있다는 말인가? 아들 안에 소망이 있다는 말인가? 그렇지 않다. '훈련 안에 소망이 있다'는 뜻으로, '훈련에 소망이 있기 때문에 네 아들을 훈련하라'는 말이다. 또한 '죽일 마음은 두지 말지니라'의 의미는 '아들을 죽음으로 인도하는 역할을 하지 말라'는 것이다. 그러면 무엇이 아들을 죽음으로 인도하는 것인가? 바로 훈련하지 않는 것이다. '훈련하지 않으면 아들을 죽음으로 인도하는 것이니 반드시 훈련하라'는 뜻이다.

무슨 말인지 이해가 되는가? 또 다른 번역을 살펴보도록 하자. "Discipline(훈련) your son while there is hope, and do not desire his death"(NASB) 이 구절에서도 징계라는 말은 역시 찾

아볼 수 없다. 아들에게 소망이 있다는 말도 없다. 제대로 번역을 하자면 "아들의 죽음을 바라지 말고 소망 있는 어린 시절에 당신의 아들을 훈련하라"는 뜻이다. 훈련하지 않으면 아들이 죽기를 바라는 것과 같다. 그것을 바라지 않는다면 소망이 있는 그 때(어릴 때)에 아들을 훈련하라는 말이다.

훈련과 벌의 차이점

훈련은 영어로 'discipline'이란 단어를 사용하고, 벌은 영어로 'punishment'라고 쓴다. 훈련과 벌에는 확실한 차이점이 있는데, 이를 알고 나면 부모가 어떤 자세로 자녀의 잘못에 대응해야 하는지 가이드라인을 얻을 수 있다. 다음 도표는 베티 체이스의 『인격적인 사랑 효과적인 훈육』과 딕시 루스 크레이즈(Dixie Ruth Crase)와 아더 크리스코(Arthur H. Crisco)가 지은 『은혜를 통한 자녀 양육(Parenting by Grace: Discipline and Spiritual Growth)』에서 이야기하고 있는 차이점들을 독자들이 이해하기 쉽도록 정리해 보았다.

이 도표를 보면 벌을 주지 않고 훈련해야 할 필요성을 알 수 있다. 부모가 자녀에게 벌을 주고 있는지, 훈련하고 있는지 확인하고 싶다면 하나만 점검해 보아도 알 수 있다. 즉 아이의 잘못된 행동에 대해 부모의 감정 상태가 어떤지만 살펴도 벌 주는 것인지,

훈련하고 있는 것인지 분명해진다. 그 당시 감정이 화가 나 있다면 자녀를 다루는 모든 행동들은 훈련이 아닌 벌을 주는 것이다. 그 경우 자녀로 하여금 미래의 올바른 행동을 격려하기보다 오히려 매나 벌에 의해 억지로 하는 행동들을 유도할 뿐이다. 결과적으로는 자기훈련에 실패할 가능성이 크므로 벌 주지 않고 훈련하는 것이 바람직하다.

벌과 훈련의 비교표

	벌	훈련
목적	잘못과 위반에 대해 벌을 가함	교정과 성숙을 위한 훈련
관심의 촛점	과거의 잘못된 행동	미래의 올바른 행동
자녀가 순종하는 동기	벌이 무서워서	부모에 대한 사랑
부모의 감정과 자세	실망, 좌절, 화	사랑으로 행하는 훈련
자녀의 감정과 자세	두려움과 죄의식	안정감
결과	의타심 증가, 자기 훈련 안됨	자기 훈련됨

훈련의 기본 원칙

크레이즈의 『은혜를 통한 자녀 양육』은 자녀 훈련의 기본 원칙들을 소개하고 있다. 이 원칙들은 효과적인 훈련을 위해 반드시 배우고 실천해야 할 사항들이다.

자녀를 효과적으로 훈련시키려면 우선 자녀에 대해 잘 알아야 한다. 자녀에 대해 잘 알기 위해서는 무엇보다 아이의 발달과정에 대한 이해가 필요하다. 발달과정을 이해하기 위해서는 배움이 필수인데, 요즘은 인터넷에서도 필요한 정보를 충분히 얻을 수 있다. 발달 단계는 크게 영아기, 유아기, 아동기, 후기아동기, 청소년기로 나누어진다. 각 단계마다 관찰 가능한 특징들이 있으며, 단계마다 성장과 훈련을 위해 필요한 과제들이 있다. 또한 각 단계마다 육체적인 발달, 지적인 발달, 정서적인 발달, 사회적인 발달, 영적인 발달의 특징이 나타난다. 그런데 자녀의 발달과정에 대한 이해함없이 훈련을 시킬 경우 부모와 자녀 모두에게 긍정적인 결과보다 좌절감을 안겨다 줄 수 있다. 그러므로 발달과정에 대한 이해는 교육과 훈련을 위해 필수라고 할 수 있다.

일반적인 발달과정을 이해함과 동시에 자기 자녀가 거쳐가는 독특한 발달과정도 이해해야 한다. 일반적인 발달과정에만 초점을 맞출 경우 문제가 야기될 수 있다. 아이마다 제각기 성장 비율이 다르기 때문이다. 일반적인 발달과정보다 자녀의 발달과정이 빠를 수도 있고 늦을 수도 있다는 사실을 기억해야 한다. 또한 어느 한 영역에서는 앞서가는데 다른 영역에서는 성장이 더딘 경우

취학 전 아동의 일반적 발달 특성(3~5세)

신체적	감각 운동적 활동적 제법 힘이 생김 대근육 빠르게 발달, 소근육 천천히 발달 신체는 유연, 회복이 빠름 위험을 인식하나 예측이나 판단 능력 미발달
정신적 / 지적	창조력 / 상상력 / 탐구적 / 제한된 집중력 뛰어난 모방력 논리적 조작에 한계/ 문자적으로 받아들임 보존 개념이 없음 글자를 알고 싶어함
정서적	격렬함 / 일시적 가끔씩 불안과 공포 느낌 호기심 많고 흥미있는 것에 몰두 친구들 부러워하거나 시기하는 마음 생김 심미적
사회적	모방을 통해 배움 친구들과 어울리기 시작 자기 중심적 잘 싸움 성역할에 대한 인식 시작 극놀이를 즐김 소집단의 놀이 즐김
영적	하나님이 계시다는 사실을 이해 하나님을 사람과 같이 생각 신앙의 기초인 '신뢰감'을 획득할 시기

초등학생의 일반적 발달 특성

	아동 전기(6~8세)	아동 후기(9~11세)
신체적	활동적 성장이 고르지 못해 쉽게 피곤	활력이 넘침 신체적 조절 발달
정신적 / 지적	어휘력 증가 시간, 공간, 수의 개념 약함 뛰어난 기억력 추상적 개념 이해 약함 관찰력 증가	관찰력과 논리력 발달 호기심 많은 탐구자 수집을 좋아함 빠른 암기력 개념을 이해하기 시작
정서적	불안정, 쉽게 흥분 두려움 수줍음	표현력이 풍부함 인내력이 약함 용감하게 행동 밖으로 감정표현 싫어함 유머를 좋아함
사회적	친구를 쉽게 사귐 그룹 활동 좋아함 경쟁을 싫어함	환경에 잘 적응 그룹활동 즐김 공평과 정의를 지각 경쟁을 즐김
영적	깨끗한 양심과 순종하려는 욕구 허구와 사실 구분 가치관 형성 시작 옳고 그름의 구분 구원을 이해하고 받아들임	영웅 숭배 구원의 확신과 영접 영적 성숙에 관한 가르침에 반응 영적 진리를 분별

청소년의 일반적 발달 특성

	전기(12~14세)	중기(15~17세)	후기(18~20세)
신체적	현저한 신체적 성장 어색하고 적응성에 문제를 보이기 시작 변성기 여드름 성적 호기심	넘치는 힘 정력이 왕성	육체적 활동이 줄어듬 성장의 폭이 줄어듬
정신적 / 지적	상상력이 풍부	추리력 발달 추상적 개념 이해	취미 발달 판단력 향상 사고, 원칙, 개념에 있어서 과오나 결함을 분별
정서적	새로운 것에 흥분과 충동으로 반응 유머를 좋아함 감정의 기폭이 큼	우울 자기 정체성의 발견	정서적 안정 감상주의적 태도 발달
사회적	몰려다니기 좋아함 비판에 대해 민감한 반응	사회적 영향력의 관심이 줄어듬 집단에서 개인으로	협동 정신 결혼에 대한 관심 사회관계에 대한 관심 줄어듬
영적	회개할 마음이 잘 준비되어 있음	신앙에 대한 회의적 경향	신앙이나 교회에 흥미를 잃을 수 있음.

도 있다. 앞의 발달과정 도표를 보면서 각 영역마다 자녀의 고유
한 발달과정을 점검해 보면 자녀에 대해 더 잘 이해할 뿐만 아니
라 효과적인 훈련을 하는 데 도움이 된다.

잘 경청하라

　　　　　잘 '경청'한다는 말은 무슨 뜻일까? 어디까
지 듣는 것을 경청이라고 말하는가? 말한 내용을 잘 듣고 이해하
면 되는 것인가? 아니면 그 외의 또 다른 의미가 있는가? 일반적
으로 경청이란 말은 '주의를 집중해서 듣는다'라는 뜻이다. 다시
말해 경청은 '하던 일을 멈추고 주의를 집중해서 그 사람을 바라
보며, 그 사람이 말하는 내용을 잘 듣고 이해할 뿐 아니라 그 사람
의 몸짓이나 행동 속에서, 혹은 얼굴 표정에서 드러나는 감정까지
듣는 것'이다. 경청을 위해서는 자신의 생각이나 편견을 내려놓아
야 하고, 상대방의 입장에서 들을 수 있어야 한다. 자녀에게 경청
한다는 말은 자녀가 말한 사건과 내용을 잘 이해하며, 그에 대한
자녀의 생각과 염려, 바람과 감정까지 이해할 수 있도록 귀 기울
여 듣는 것을 말한다.

다음 페이지에 나오는 '경험 모델' 도표는 데니스 스토이카
(Dennis Stoica)와 짐 코벌(Jim Koval)이 공동으로 고안했는데, 효

과적인 대화의 단계를 기억하기 쉽게 시각화해 주었다. 말하는 사람도, 듣는 사람도 이 단계를 기억하면서 대화를 이끌어나간다면 오해가 적어지고 상대방이 말하는 사건, 그리고 그것에 대한 생각이나 의견, 관심사와 바람, 감정까지 헤아려 들을 수 있어서 대화의 질이 높아지고 더 깊은 곳까지 이해할 수 있도록 도와준다.

자녀의 말에 귀 기울여 듣는 경청은 자녀에게 특별한 메시지를 전달해 준다. 경청하는 행위 속에는 '너는 내게 있어서 굉장히 중요한 존재야. 너는 정말 소중한 사람이야. 내가 너를 사랑해'라는 메시지를 담고 있다. 우리는 어떤 사람의 말에 경청하는가? 내가 중요하게 생각하는 사람, 사랑하는 사람, 존경하는 사람, 좋아하는 사람이 아닌가? 그런 사람들이 말을 할 때에는 한 마디도 놓치지 않으려고 귀를 기울이지 않는가? 바로 그것이다. 자녀가 말을

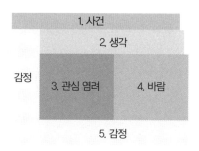

짐 코벌과 데니스 스토이카의 경험 모델

할 때 부모가 잘 들어주는 일은 자녀에게 '너는 특별한 존재야'라고 말하는 것이며, 그 말의 뜻을 행동으로 보여주는 것이다.

좋은 관찰자가 되라

자녀가 말로 자신의 생각과 감정을 표현하지 않으면 자녀를 이해하기란 힘들다. 말로 잘 표현하는 아이도 있지만 표현하지 않는 아이들이 더 많다. 특히 미국의 이민사회를 들여다보니 부모 세대와 자녀 세대 사이에는 의사소통의 문제가 커다란 장벽으로 놓여 있었다. 말하지 않는 자녀를 어떻게 이해할 수 있을까? 아니 말을 한다고 해도 속속들이 다 이야기하는 아이들은 많지 않다. 특히 청소년기에 접어들면서 자기만의 세계를 구축하고 싶어하는 자녀와는 대화의 문제가 더욱 심각해진다.

그럴 경우에는 관찰을 통해서 자녀의 세계를 들여다볼 수 있다. 지금 아이의 기분이 어떤지, 행동은 어떠하고 옷차림은 어떠한지, 어울려 다니는 친구들은 누구인지, 관심을 보이는 활동들은 무엇인지 등이다. 잘 관찰해 보면 자녀의 세계를 좀 더 이해할 수 있다. 뿐만 아니라 자녀가 문제를 가지고 있을 경우 문제가 더 심각해지기 전에 예방할 수 있는 기회를 가질 수 있기 때문에 관찰은 아무리 강조해도 지나치지 않다.

자녀가 말을 잘 듣는데 소리지르고 야단치는 부모는 없다. 기대에 맞게 행동하는 자녀를 향해 불호령을 내리는 부모도 없다. 관계가 좋을 때에는 어느 부모나 다 조용하게 말을 한다. 그러나 여기서 말하는 훈련의 원칙은 자녀가 말을 듣지 않을 때, 실수나 잘못을 했을 때, 혹은 문제가 발생했을 때를 두고 하는 말이다. 누군가 우리에게 소리를 지르면 우리의 기분이 어떻겠는가? 설령 꾸중 들을 만한 큰 잘못을 했다 하더라도 누군가 소리를 지르면 기가 질리고 모욕감과 수치심을 느끼게 된다. 그리고 화가 나기 시작한다. 그렇지 않은가?

내 자녀도 마찬가지다. 그들이 잘못해서 부모가 화가 났고, 그래서 소리를 지른다 해도 큰소리로 말하면 우리가 가진 감정을 자녀도 그대로 느끼게 된다. 잘못을 했지만 인격적으로 존중받지 못한 사실에 화가 나기 때문이다. 그렇기 때문에 부모를 실망시키고 잘못을 저지른 상황에서도 부모는 '인자하고 조용하게' 말해야 한다. 그것이 자녀를 존중해 주는 것이기 때문이다. 하지만 그게 전부가 아니다. 인자하고 조용하게만 이야기할 경우 아이들은 부모의 말을 대수롭지 않게 여길 수 있고, 부모가 하는 말의 심각성을 깨닫지 못할 수도 있다. 그러므로 조용하지만 그 속에 단호함이 함께 있어야 한다. '단호함' 속에 부모의 권위가 깃들어 있기 때문이다. 어떻게 인자하고 조용하게 말하면서 동시에 단호함을 보여줄 수 있을까? 목소리는 조용하게 낮추고 눈을 똑바로 바라보면서 이야기하는 것이다. 한 번 연습해 보라.

만약 지금까지 소리지르면서 자녀를 키웠다면 이 연습이 결코 쉬운 일이 아님을 금방 알게 될 것이다. 아이도 갑작스레 바뀐 부모의 자세에 대해 의아해 할 것이고, 적응하는 데에도 얼마간의 시간이 걸린다는 사실을 기억하자.

자녀의 수준에서 말하라

자녀의 수준에서 말한다는 것은 자녀가 알아듣기 쉬운 단어, 이해할 수 있는 언어를 사용하는 것이다. 또 신체적으로도 자녀와 가까운 거리에서 눈을 바라보며 이야기하라는 것이다. 더 나아가 자녀의 수준을 고려한다는 것은 자녀의 입장이 되어서 자녀를 이해하고자 노력한다는 의미이기도 하다. 부모의 입장에서 보면 아이의 말과 행동이 도저히 이해가

가질 않는다. 그럴 때 3살짜리 아이의 입장이 되어보자. 그 아이
의 눈으로 세상을 바라보고, 아이의 마음으로 그들의 세상을 들여
다보라. 또한 도저히 이해할 수 없는 십대 자녀가 있다면 그들의
입장에서 바라보도록 하자. 왜 그런 취향의 옷을 입기 원하는지,
왜 헤어 스타일을 그런 식으로 하는지, 왜 그런 음악을 듣는지 알
아보기 위해서다.

자녀에게 안전한 환경을 만들어주라

자녀에게 안전한 환
경을 만들어준다는 말은 위험한 환경을 없애준다는 말이다. 육체
적으로 위험한 환경, 정서적으로 불안한 환경이나 자녀를 유혹하
는 환경을 제거해 주어야 자녀가 건강하게 자랄 수 있다.

먼저 집안이 자녀에게 육체적으로 안전한 환경인지 확인해 보
자. 건강을 해치거나 다칠 위험이 있는 요소들이 집안에 있는가?
이런 경우는 특별히 아이가 어릴 때 유념해야 할 사항이다. 뾰족
한 테이블 모서리, 깨지기 쉬운 물건들, 가지고 놀기에 위험한 기
구나 장난감들, 화학 약품이나 중독성이 있는 조제약 등은 아이의
손이 닿지 않는 곳에 두는 것이 좋다.

두 번째로 정서적으로 불안감을 주는 환경은 아닌지 살펴보자.
자녀가 어떤 특정한 일이나 행동으로 인해 부모로부터 지속적으

로 꾸중을 듣고 있다면 문제를 해결해서 동일한 일로 꾸중 듣는 일을 없애주는 것이 좋다. 지속적인 비판이나 꾸중은 아이에게 불행감이나 분노의 감정을 안겨주기 때문이다.

자녀로 하여금 정서적으로 불안하게 만드는 또 다른 요소는 부부 사이의 갈등이다. 부모가 행복하게 사는 모습이 자녀에게 정서적 안정감을 준다는 사실을 잊지 말라. 자녀가 정서적으로 건강하게 자라도록 하려면 부부 사이의 갈등을 먼저 해결해야 할 것이다. 하지만 부부 둘이서 문제를 해결할 수 없을 정도로 심각한 상태라면 빨리 전문가의 도움을 받는 것이 좋다. 부부 싸움을 할 때 자녀가 느끼는 감정은 전쟁 중에 느끼는 두려움과 같은 수준의 공포를 느낀다고 한다. 전쟁이 일어났을 때의 두려움과 공포를 한번 상상해 보라. 우리 집에 전쟁이 일어난 것이다. 때리고, 부수고, 소리지르고, 협박하는 상황은 생각만 해도 무섭다. 이런 상황이 자주 반복된다면 자녀는 분명 정서적 외상을 크게 입을 것이고, 그로 인해 여러 가지 문제 행동들이 야기되기 때문에 특별히 주의해야 한다.

세 번째로 자녀들을 유혹케 하는 요소들이 집안에 없는지 확인할 필요가 있다. 특히 청소년기에 접어든 자녀가 있는 경우에 해당된다. 집안 어딘가에 담배가 있고, 냉장고에 와인이나 맥주가 들어 있다면 호기심으로 가득 차 있는 청소년들을 유혹하는 환경이 된다. 또한 마약의 효능을 갖고 있는 화학 약품이나 조제약들, 성인용 비디오나 잡지들이 집안에 널려 있다면 심각하게 위험할 수 있다. 한편 부모의 귀가 시간이 항상 늦고, 자녀 혼자 집에 있는 시간이 많을 경우나 어른들이 아무도 없는데 친구들끼리 시간을 보내는 상황들이 많다면 그것도 역시 자녀를 유혹케 하는 환경이다. 이와 같은 유혹의 환경이 주어지게 되면 청소년들은 쉽게 자제력을 잃고, 직접 경험해 보려고 하거나 지속적인 사용을 하기가 쉬워진다. 이것이 훗날 큰 문제로 발전되기 전에 예방 차원에서 유혹케 하는 환경들을 미리 제거해 주어야 할 것이다.

분명한 한계선과 규칙을 정하라

한계선이란 다른 말로 규칙을 말한다. 규칙을 정하되 자녀가 구체적으로 실천할 수 있는 규칙으로 만드는 것이 좋다. 자녀를 훈련하기에 앞서 부모의 기대는 무엇이고 아이가 지키기를 원하는 규칙은 무엇인지 잘 설명해 주어서 정한 규칙에 대해 자녀도 정확히 알고 이해해야만 한다.

한계선이나 규칙을 정할 때는 부모 혼자 일방적으로 정하지 않도록 한다. 부모가 규칙을 정해야 할 필요를 느낀다면 부모와 자녀가 시간을 내어 그 문제에 관해 먼저 충분히 이야기를 하는 것이 좋다. "너와 나 사이에 이런 문제로 요즘 어려움을 겪고 있는데, 어떻게 하면 이 문제를 해결할 수 있겠니? 너의 의견을 듣고 싶구나"라고 말하면 아이들은 해결을 위한 좋은 아이디어를 찾아낸다. 대부분 아이들 스스로 자신이 해야 할 일과 하지 말아야 할 규칙을 정할 수 있다. 이런 과정을 거쳐서 규칙이 만들어지면 자녀 자신이 정한 규칙이기 때문에 책임의식을 느끼고 이를 지키려고 노력할 것이다. 아이가 직접 규칙을 만들면 부모 혼자 일방적으로 규칙을 정한 것보다 훨씬 좋은 결과를 가져오게 된다.

정해진 한계선을 일관성 있게 유지하라

부모는 자녀의 생활 습관이나 문제 행동을 교정하기 위해 규칙을 정한다. 그런데 그 규칙이 잘 지켜질 때까지 끝까지 일관성 있게 유지하지 못하는 경우가 많다. 규칙은 누구나 쉽게 정할 수 있다. 하지만 효과적인 훈련을 하려면 정해진 규칙을 잘 지키도록 격려하고 그 규칙이 몸에 배일 때까지 지속적으로 관찰하고, 검토하고 평가하는 작업이 필요하다. 헌데 많은 부모들이 여기에서 실패하고 만다. 규칙을 정한 후 일주일 혹은 두세 주 정도 지나면 흐지부지되는 경우가 많다. 얼마 지나면 이래선 안 되겠다 싶어서 규칙대로 행하는지 다시 검사를 시작한다. 기분에 따라 시작하고 기분에 따라 멈추는 부모의 일관성 없는 모습을 보면서 아이들은 벌써 눈치를 챈다. 엄마 아빠가 얼마동안 점검하다가 그만둔다는 사실을 말이다. 부모가 확인하는 일을 그치면 아이들도 규칙대로 하던 일을 멈추게 된다. 이렇게 되면 규칙을 지키는 것에서부터 한 걸음 더 나아가 좋은 습관으로 발전될 수 없다. 인내심을 갖고 기분과 환경에 따라 좌지우지되는 훈련이 아니라 일관성을 갖고 끝까지 고수하는 것, 이것이 훈련에 성공하는 길이다.

주어진 한계선 안에서 선택권을 주라

자녀에게 선택권을 주는 것이 왜 중요할까? 이유는 간단하다. 선택할 기회를 자녀에게 주면 그는 부모가 자신을 존중해 준다는 사실을 알게 된다. 선택권이 주어질 때마다 자녀는 만족감을 느끼며 선택의 기회들을 통해 조금씩 더 나은 선택을 하게 된다. 그래서 부모가 원하는 선택에 따르지 않고 자신의 생각대로 결정했는데 결과가 좋지 않을 경우 아이들은 자신의 선택이 좋은 선택이 아니었음을 배우게 된다.

부모는 자녀가 항상 최선이나 최상의 선택을 하리라고 기대하지 않는 게 좋다. 시행착오를 통해 조금씩 더 나은 선택을 할 수 있도록 기회를 주면서 기다려주어야 한다. 그리고 좋은 선택을 했을 때마다 인정과 칭찬의 말로 격려한다면 전보다 훨씬 더 나은 선택을 하게 된다. 어려서부터 선택권을 부여받은 아이들은 청소년기를 맞으면서 그렇지 못한 또래 친구들과 현저한 차이를 보일 것이다. 부모가 늘 선택을 대신 해준 아이들은 경험이 적기 때문에 무엇을 선택해야 할지 잘 모른다. 그럴 경우 동료 압박(Peer Pressure)에 따라 선택할 가능성이 높다. 반면에 선택권을 통해 더 나은 선택을 할 수 있는 능력이 길러진 아이들은 잘못된 동료들의 압박에 대해 '안돼'라고 단호하게 말할 수 있는 용기를 갖게 된다. 결과적으로 부모가 자녀에게 선택할 기회를 많이 주는 것은 자녀들의 삶에 필요한 '자율성'을 선물해 주는 셈이 된다. 어떤 자녀든 자신에게 선택할 자유와 기회가 주어지면 그 일에 대한 책임감을 갖고 더욱 능동적이고 적극적으로 하고자 하는 동기부여를 받게 된다.

자녀에게 선택권을 줄 때 기억해야 할 사항이 있다. 부모가 한계선을 먼저 결정해 주어야 한다는 사실이다. 무엇이나 원하는 것을 고를 수 있는 자유가 아니라 먼저 부모가 범위를 정해 주고 그 범위 안에서 선택해야 한다는 사실을 알려주어야 한다. 가령 둘 중 하나를 고르라고 하거나 5,000원 선에서 원하는 것을 고르라고 하는 등 분명하게 범위를 알려준 후에 자녀로 하여금 선택하도록 해야 한다. 주의할 것은 선택권을 줄 때 "너 저녁에 뭐 먹을래?" "장난감 하나 사줄 테니까 마음에 드는 걸 고르렴" 하는 식은 바람직하지 않다. 범위가 정해져 있지 않기 때문이다. "너 저녁에 뭐 먹을래?"라고 묻는 것은 자녀가 원하는 것을 무엇이든 해줄 수 있을 때에만 이렇게 말할 수 있다.

자녀가 어릴 때는 선택의 범위도 작게 해주는 것이 좋다. 어린 아이들은 선택의 종류가 많아지면 선택하는 데 어려움을 느낀다. 그러므로 나이에 맞게 선택의 범위를 정해 주고, 나이가 들어감에 따라 선택의 범위를 확장시켜 주는 것이 바람직하다.

훈계할 때에는 단 둘이 있을 때만 하라

자녀가 잘못했다고 해서 공중 석상에서 자녀를 나무라는 일은 자녀에게 수치심과 죄책감 그리고 분노의 감정을 안겨준다. 백화점에서 이리저리 뛰어다니는 아이를 불러 세우고 혼내거나 벌을 주는 것은 바람직하지 않다. 그 시간과 그 장소에서 아이의 문제 행동을 다루어야 한다면 아무도 없는 곳으로 데리고 가서 조용히 훈계하라. 다른 사람들이 보는 앞에서 자녀를 꾸중하거나 벌 주지 않도록 주의해야 한다. 집에 있을 경우에도 마찬가지다. 형이나 동생 앞에서, 다른 가족들이 보는 앞에서 자녀의 잘못을 꾸중하고 비난하지 말라. 아빠가 그 문제를 다루어야 할 경우라면 아빠와 단둘이서만, 엄마가 자녀를 훈계해야 할 경우라면 엄마와 단둘이 있을 때만 하라는 것이다. 이것이 자녀를 존중하면서 훈련하는 방법이다.

자녀가 징계를 받은 뒤에 감정 처리를 할 수 있는 여유를 주라

부모에게 훈련이나 벌을 받든지 꾸중을 들으면 자녀의 감정이 상할 수 있음을 이해해야 한다. 자신의 잘잘못과 상관없이 한참 동안 기분이 풀리지 않을 수 있다는 사실도 이해해야 한다. 울고 있는 아이에게 울음을 뚝 그치라고 다그치는 것은 자녀의 마음을 더 상하게 만드는 것이며, 감정 표현을 지속적으로 억압하면 그것이 쓴뿌리를 내리게 하는 요소가 된다. 그러므로 자녀가 자기 나름대로 기분이 정리될 때까지 혼자 있기를 원하면 그렇게 하도록 시간과 장소를 허용해 주는 배려가 필요하다. 이것도 자녀를 존중해 주는 방법이다. 더 정확하게 말하면 자녀의 감정을 존중해 주는 일이다.

징계한 후에는 자녀의 잘못을 용서해 주라

징계한 후에 자녀의 잘못을 용서한다는 것은 가능하면 그 잘못에 대해 다시 언급하지 말라는 뜻이다. 부모들은 자녀가 반복적인 실수나 잘못을 할 경우에 과거에 잘못했던 것까지 들추는 경우가 많다. 그런데 과거를 들먹거리는 부모를 보면서 자녀들은 '우리 아빠 엄마가 아직도 나를 용서하지 않았구나'라고 생각하게 된다.

훈련은 어린 시절에 시작되어 평생동안 지속되는 배움의 과정이다. 부모의 훈련을 통해 자녀가 반듯하게 자라가도록 도우면 그는 자기훈련과 책임감을 배우는 성숙한 크리스천으로 살아가게 될 것이다. 사랑하니까 제멋대로 하도록 내버려두는 것이 아니라 사랑하기 때문에 훈련해야 하는 것이다.

자녀 양육 **5** 원칙

인성 좋은 아이로 키우려면
좋은 습관을 길러주라

앞에서 훈련에 대한 일반적인 이해와 기본 원칙들을 살펴보았다. 훈련은 결코 쉬운 일이 아니다. 하루 아침에 이루어지는 단기 과정도 아니다. 오랜 시간에 걸쳐 이루어지기도 하지만 훈련의 여러 복잡한 측면들 때문에 세 장에 걸쳐 많은 지면을 할애했다. 이 장에서는 '자녀에게 어떻게 하면 좋은 습관을 길러줄 수 있을까?'라는 문제를 다루기로 한다. 오늘날 교육학자들이나 사회학자들은 사회 문제의 가장 큰 원인으로 자녀 양육의 실패, 혹은 훈련의 실패에서 찾는다. 나 또한 그러한 지적에 전적으로 동의한다. 훈련에 실패한 원인을 찾아서 이를 시정한다면 분명 자녀 양육에 성공할 수 있다. 앞서 논의했던 훈련의 기본 원칙들을 지속적으로 실천하면서 좋은 습관을 기르기 위한 원칙과 훈련 방법들을 배워보자.

요즈음 당신은 무엇으로 자신을 훈련하고 있는가? 어떤 습관을 가지고자 노력하고 있는가? 운동이나 건강 관리, 몸에 해로운 것 끊기, 다이어트, 소비 줄이기, 스펙 관리를 위한 자기계발, 경건 훈련 등 이런 것들을 훈련하기 위해 얼마나 많은 시간을 투자하고 있는가? 또 같은 행동을 얼마나 반복해야 습관으로 굳어질 수 있다고 생각하는가?

습관으로 만들기 위해 얼마만큼 시간이 필요한지에 대한 연구가 2009년 「유럽사회심리학저널(European Journal of Social Psychology)」에 발표되었다. 필리파 랠리(Phillippa Lally)와 그의 동료들이 96명의 참가자들을 대상으로 한 실험에서 새로운 습관으로 만드는 데 걸리는 시간은 약 66일 정도라고 했다. 여기서 그는 식사 후 과일 먹기, 매일 물 마시기 등과 같은 간단한 실험에서부터 시간이 꽤 오래 걸리는 습관까지 조사했다. 짧게는 18일 정도 걸린 실험이 있는가 하면 254일이나 걸린 어렵고 힘든 습관도 있었다. 아이들에게 독서하는 습관이나 공부하는 습관을 길들이는 데에는 많은 시간이 걸릴 것이고, 매일 등하교 때 인사하기 같은 습관은 짧은 시간에도 형성될 수 있다는 것은 그의 연구 결과가 아니어도 누구나 쉽게 짐작할 수 있다.

랠리는 실험을 통해 생각하지 않고도 자발적인 행동이 나올 때까지 66일 정도가 걸리지만 습관으로 길들여지기 전 초기 단계에서는 보상이 뒤따를 때 그 행동이 강화된다는 사실을 발견했다. 그리고 66일이 지나야 비로소 보상이 뒤따르지 않아도 그 행동이 자발적으로 나오게 된다는 사실을 실험을 통해 확인했다.

일반적으로 습관 형성에 걸린다는 66일은 이미 교육학자들도 알고 있는 사실이다. 그래서 삶의 변화를 가져오는 기술 습득을 위한 학습 교과과정을 개발할 때에는 8주에서 10주 과정, 더 이상적으로는 12주 과정을 공부하도록 계획한다. 이 과정을 거치면서 첫 단계에서는 지식이 습득되고, 그 다음 단계에서는 습득한 지식으로 인해 태도의 변화가 이루어진다. 이러한 태도의 변화가 행동의 변화로 이어지기 때문에 교과과정을 만드는 데 그와 같은 기간을 설정하는 것이다.

그런데 안타깝게도 빨리빨리 돌아가야 하는 사회, 인스턴트에 익숙해진 우리나라에서는 이처럼 시간이 걸려야 내 것으로 만들 수 있다고 아무리 설명을 해도 소용이 없다. 주어진 과정을 빨리 끝내고 싶은 유혹을 받기 때문이다. 그래서 교과과정을 단축하여 2박 3일, 혹은 일주일만에 전 과정을 이수하기를 원한다. 지식 습득의 결과가 행동으로, 더 나아가서 습관으로 이어지는 것과는 상관없이 하나의 과정을 수료했다는 것에 만족한다. 이런 이유로 저자가 섬기고 있는 패밀리 터치에서는 삶의 기술을 배우는 세미나

들 – 자녀 양육학교, 부부행복학교, 대화학교, 분노조절학교 등 – 은 짧게는 6주에서 길게 10주의 과정으로 이루어져 있다. 빨리를 미덕으로 삼는 수요자의 요구와 압력 때문에 6주 과정의 프로그램도 제공하고 있지만 교육적인 효과가 그만큼 떨어진다는 사실은 분명하다.

좋은 습관 기르기의 3원칙

"마땅히 행할 길을 아이에게 가르치라 그리하면 늙어도 그것을 떠나지 아니하리라"(잠언 22장 6절)는 말씀을 통해 배울 수 있는 습관 기르기의 3원칙을 살펴보면 다음과 같다.

좋은 습관 기르기는 어릴 때 시작하라

위의 잠언 구절은 간단히 말해 '세 살 버릇 여든 간다'는 우리의 속담과 비슷하다. 이 속담이 주는 교훈은 어려서부터 버릇 잘 들도록 가르치고 훈련해야 한다는 말이다. 버릇 잘 들게 한다는 말은 좋은 습관을 말한다. 어린 시절에 좋은 습관을 길러주어 평생 그 습관에 따라 살도록 가르치라는 것이다. 학자들에 따르면 아이가 태어난 후 세 살까지 삶의 기초가 형성되며, 열 살 정도가 되면 인격 형성의 80퍼센트가 완성된다고 한다.

훈련에는 시간이 걸리기 때문에 인내가 필요하다. 한 살 정도가 되면 간단한 훈련이 시작되고 점차적으로 나이에 맞는 훈련을 하게 되는데, 집중적으로 훈련하기에 좋은 기간은 여섯 살부터 열두 살 정도라고 할 수 있다. 태어나서 다섯 살까지는 훈련을 위한 기초 작업을 할 때다. 신뢰감 쌓기, 사랑과 인정 받기, 훈련에 대해서 배우기 등을 먼저 해야 한다. 기초 작업이 잘 이루어지고 자녀가 초등학교에 들어가면서부터 본격적인 훈련기를 맞는다. 또 초등학생 시절은 훈련하기 가장 좋은 시기이기도 하다. 부모와 의사소통이 되어서 그렇기도 하지만 초등학생 시기의 자녀들은 본성적으로 규칙을 따르려는 마음이 가장 강한 때이다. 부모나 선생님으로부터 칭찬을 듣고 인정 받기 위해서다. 그런 이유 때문에 존 드레처(John Drescher) 박사는 "초등학교 시기는 자녀 교육을 위한 마지막 적기"라고 말한다. 부모가 자녀들과 협력해서 이 시기에 필요한 훈련을 시키면 그 다음에 찾아오는 청소년기를 수월하게 맞게 되지만, 이때 훈련에 실패하면 청소년 자녀들을 훈련하기가 훨씬 어려워진다는 것이다.

베티 체이스는 잠언 22장 6절을 정확히 이해하도록 히브리어 단어의 의미를 설명하면서 그 뜻을 우리에게 가르쳐주고 있다.

"자녀를 교훈하고 지도하되, 이미 그에게 정해져 있는 길, 즉 성격이나 특성에 맞는 길을 따라 그것에 보조를 맞춰 훈련하라. 그러면 나이가 들어도 자녀는 그 길을 떠나지 않는다"

이 말이 구체적으로 무엇을 뜻하는지 설명해 주는 좋은 예가 있다. 어려서부터 부모의 말을 잘 듣는 기특한 아들에 대한 이야기다. 그의 부모는 아들에게 입버릇처럼 의사가 되어야 한다고 이야기를 했다. 의사가 되고 싶진 않았지만 부모의 말을 거역하지 못하는 착한 아들이라 부모의 명령에 따라 의과대학에 들어갔다. 그리고 학업과 수련의 과정을 마칠 때까지 별 탈 없이 잘 견뎌냈다. 그런데 수련의를 다 마친 후에는 부모에게 충격적인 선언을 했다.

"지금까지는 부모님이 원하시는 인생을 살았지만 이제부터 제가 원하는 인생을 살고 싶습니다. 의사가 되는 길은 제가 원하는 길이 아닙니다. 그동안 공부하면서 생각하고 또 생각해 보았지만, 의사로서 해야 할 일에 대해 기쁨도, 열정도 느끼지 못했습니다. 어렸을 때부터 제가 좋아했고, 또 하고 싶었던 미술 공부를 지금부터 시작하겠습니다."

이 외에도 비슷한 케이스를 종종 보았다. 부모가 원하는 엔지니어, 부모가 원하는 변호사, 부모가 원하는 전문직을 갖기 위해 공부하고 직장에 들어가서는 그 일에 만족과 보람을 느끼지 못한 채 살아가든지, 늦은 나이에 다른 전공과 직업을 찾아가는 이들이 한둘이 아니다.

이런 경우들을 보면 부모가 원하는 전공이나 직업이 아닌 자녀가 정말로 좋아하는, 혹은 정말로 잘하는 특기나 재능을 살리도록 자녀를 인도하는 것이 바람직하다. 자신이 전공한 분야의 일을 평생토록 해야 한다면 제일 좋아하는 일을 하면서 살아야 행복하지 않겠는가? 나는 지금도 교육하고 상담하는 일이 즐겁고 신이 난다. 가르치기 위해 밤을 새워 준비할 때면 몸은 피곤해도 결코 싫증이 나지 않는다. 강의를 시작하면 어디서 그 힘이 나오는지, 그 열정이 어디서 나오는지 모르겠다. 몸이 아파도 강의하는 시간에는 아픈 줄 모를 정도로 그 속에 빠져서 산다. 그런 나를 보며 우리 어머니는 가끔씩 내게 투정을 하신다. "너는 공부를 해도 왜 그렇게 힘든 공부를 했느냐? 다른 사람은 쉽게 가르치는데, 너는 밤잠 안 자고 오리고 붙여 이것저것 준비하느라 그렇게 야단법석을 떨고 있느냐?"며 못마땅해하신다. 하지만 나는 여전히 내가 하는 일이 너무 좋다. 가르치기 위해 준비하는 과정이 즐겁고, 가르치는 현장에서 강의하는 일이 즐겁고, 강의 후 사람들의 변화를 보는 일이 즐겁기만 하다. 정말 전공 한 번 잘 선택했다.

자녀가 어릴 때에는 자신이 좋아하는 일이 정확히 무엇인지 모르는 경우가 대부분이다. 그래서 부모가 자녀의 특기나 소질, 재능을 찾아주고 이를 계발할 수 있도록 돕는 것이 부모의 중요한 역할 중 하나다. 자녀의 재능이나 특기를 발견하기 위해서는 자녀가 어떤 일이나 활동에 관심과 흥미를 보이는지 잘 관찰해야 한다. 즉 초중등 시절까지는 아이에게 다양한 배움의 기회를 제공하면서 아이가 얼마나 그 활동을 좋아하는지, 얼마나 오랫동안, 그리고 얼마나 자주 집중해서 그 일을 하는지 살펴보면 된다. 관찰을 통해 예술 방면에 소질을 보이는지, 과학이나 기술 분야에 특별한 흥미를 보이는지, 운동에 특기를 보이는지, 책 읽기나 글쓰기에 더 많은 시간을 보내는지를 확인한 후에 다른 것보다 그 활동에 더 집중하도록 훈련하는 것이다. 그럴 경우 자녀는 자신이 가지고 있는 특기나 소질을 최대한으로 발휘하게 될 것이다.

습관을 기르기 위한 행동을 긍정문으로 훈련하라

습관을 기르기 위한 행동을 가능한 한 긍정문으로 만들라는 것이다. 존 드레처 박사는 잠언 22장 6절의 말씀을 예로 들어가며 습관 기르기에 있어서 좋은 원칙 한 가지를 가르쳐주고 있다. 바로 해야 할 일과 행동을 긍정문으로 규정하라는 것이다. 규칙을 정할 때 '하지 말라'는 부정문보다 '하라'라는 긍정문으로 만들라는 말이다. 그는 그 이유에 대해 하나님께서 "마땅히 행하지 말아야 할 길을 네 자녀에게 가르치라"고 하지 않으셨기 때문이라고 설명한다. '늦게 일어나지 말아라'보다는 '일찍 일어나거라', '빨리 먹지 말아라'보다는 '천천히 먹어라', '거짓말하지 말아라'보다는 '정직하게 말해라' 등이다. 때로는 부정문으로 말해야 할 때도 있겠지만 가능하면 긍정문으로 행동을 규정해 주는 것이 훈련을 위해 훨씬 효과적이라는 사실을 기억해 두자.

좋은 습관 기르기의 3단계

생각은 태도를 낳고, 태도는 행동을 낳고, 행동은 습관을 낳으며, 습관은 삶을 낳는다. 부모가 원하는 적절한 행동을 계속적으로 반복하도록 하면 그것이 습관으로 굳어지게 된다. 그래서 습관 기르기의 첫 번째 작업은 부모가 원하는 적절한 행동이 무엇인지를 가르치는 것에서부터 시작된다.

베티 체이스에 따르면 좋은 습관이나 행동은 3단계의 과정을 통해 이루어진다. 1단계는 '지도'의 단계로서 지식이나 정보를 알려주고, 설명해 주며, 직접 본을 보여줌으로써 아이를 가르치거나 준비시키는 단계다. 그 다음은 '훈련'의 단계인데, 1단계에서 가르치고 보여준 본을 아이에게 실천하도록 하고 숙달될 때까지 그것을 지속적으로 반복하고 연습하도록 도와주는 과정이다. 마지막 '교정' 단계에서는 부모가 가르쳐준 것을 행하지 않을 경우나 잘못된 행동을 하는 경우에 이를 교정하도록 도와주는 과정이다.

아래의 각 단계는 그 다음 단계로 나아가기 위한 준비과정이요, 초석이 된다. 정리하면 훈련은 1단계에서 시작하고, 2단계를 지속적으로 발전시켜가도록 도우며, 3단계는 교정이 필요할 경우에만 선택적으로 사용하면 된다. 습관 기르기의 전 과정 가운데 '지도'를 위한 준비 단계가 가장 많은 부분을 차지하며 가장 많은 시

훈련의 3단계

간을 할애해야 할 과정이다.

자녀들에게 좋은 습관을 길러주기 위해서는 다음과 같은 지침을 잘 활용해 보자.

부모가 원하는 행동이 무엇인지 미리 알려주고 아이를 준비시켜라

아이들의 삶 속에는 세상에 태어난 후 생전 처음으로 경험하는 새로운 일과 사건으로 가득하다. 아이에게는 처음 가보는 장소들이 대부분이다. 어린이집에 첫 발을 내디딘 날, 유치원에 처음 가던 날, 처음으로 교회학교에 참석하던 날, 처음으로 친구 집에 놀러간 날, 친구 집에서 처음으로 밤을 새우던 날, 야구를 처음 시작한 날처럼 생애 처음으로 해보는 일들이 무수히 많다.

이처럼 새롭고 낯선 장소에 갈 때나 새로운 일을 대할 때마다 아이들은 무엇을 어떻게 해야 할지 몰라서 불안해한다. 그런데 사실 어른들도 새로운 환경이나 새로운 사건을 접하게 되면 정도는 다르겠지만 긴장과 불안을 느끼기는 마찬가지다. 경험이 없기 때문에 생기는 감정이다. 이와 같은 특성을 지닌 아이들을 이해하는 부모는 자녀에게 미리 다가올 일이나 상황을 설명해 주고 그런 상황에서 해야 할 행동을 자세하게 일러준다. 그러면 아이들은 부모가 가르쳐준 대로 적절한 행동을 더 빠르고 쉽게 하게 되고, 새로운 상황에 훨씬 더 빨리 적응하게 된다.

아들이 다섯 살 때의 일이다. 병원에 건강 검진을 하러 가는 날이었다. 그날도 차를 타고 가면서 아들에게 설명을 했다.

"오늘 의사와 약속이 되어 있는데, 거기서 준용이가 얼마나 건강한지, 그동안 얼마나 자랐는지를 알아보는 검사를 할 거야. 오늘은 피도 안 뽑고 주사도 안 맞을 거야. 엄마는 대기실에서 준용이가 검사를 마칠 때까지 기다릴 테니까 걱정하지 말고 간호사가 하라는 대로 잘 따라서 하면 돼. 알겠지?"

아들이 고개를 끄덕였다. 약속된 차례가 되어 준용이가 간호사를 따라 의사의 진찰을 마치고 웃는 얼굴로 나왔다. 그때 대기실에서 준용이와 비슷한 또래의 남자아이가 진료소가 떠나가도록 울어대는데 엄마가 아이를 달래도 막무가내였다. 그때 준용이가 했던 말을 지금도 잊을 수 없다.

"엄마, 저 엄마는 미리 이야기를 안 해줬나봐. 그렇게 무서운 게 아닌데."

"와우!"

그 말을 듣는 순간 온몸에 전율이 느껴졌다. 미리 준비시켜 준 것과 그렇지 않은 게 이처럼 큰 차이를 내다니…. 그 중요함을 확실하게 깨닫게 된 잊을 수 없는 사건이었다. 아이에게 부모가 원하는 행동이나 습관을 미리 알려주고 마음의 준비를 할 수 있는 시간을 주면 아이는 정서적 안정감을 가지고 주어진 상황 속에서 적절한 행동을 하게 된다. 그리고 그런 행동이 반복되면 새로운 상황에 훨씬 더 잘 적응하는 습관을 길러줄 수 있음을 기억해야 한다.

유치원에 가면 엄마 곁에서 떨어지지 않으려고 엄마의 치맛자락을 붙들고 울어대는 아이들이 종종 있다. 그런 아이를 떼어놓기 위해 아이가 잠시 한눈을 파는 사이에 엄마가 잽싸게 사라진다. 엄마가 없어진 사실을 발견한 아이는 또다시 끝없이 울어댄다. 엄마가 올 때까지 불안감에 휩싸인 아이는 선생님과 친구들이 하는 일에 재미를 느끼지 못하고 집중하지도 못한다. 미리 설명해 주지 않고 갑자기 엄마 아빠가 사라지는 일들이 반복되다 보면 아이는 부모에 대한 신뢰감을 갖지 못하게 되고 새로운 환경을 접할 때마다 심한 불안감을 느낀다. 그로 인해 부적절한 행동을 하게 되고 환경에 부적응하는 결과를 낳게 되는 것이다.

그러므로 아이에게 미리 설명해 주라. "오늘은 학교에 가는 날인데, 학교에서 선생님과 친구들과 재미있게 잘 지내고 있으면 엄마가 널 꼭 데리러 올 거야. 그러니까 걱정하지 말고 잘 지내렴. 알았지? 우리 ○○는 잘할 수 있어. 그치? 엄마가 사랑해." 설명한 다음에 아이를 안아주고 그 자리를 떠나라. 그리고 시간이 되면 늦지 않게 아이를 데리러 가야 한다. 그리고 엄마없이 잘 놀아주어서 자랑스럽다고 칭찬해 주라. 또 한 번 아이를 끌어안고 마음껏 사랑을 확인시켜 주라.

습관이 형성될 때까지 구체적으로 칭찬해 주라

칭찬해야 하는 이유는 많이 있다. 아이는 칭찬을 통해 사랑을 느끼고 확인하며, 자긍심을 형성하는 데 긍정적인 영향을 받기 때문이다. 또 칭찬이 필요한 이유는 칭찬 받은 일을 지속적으로 반복하도록 동기를 부여해 주기 때문이다. 이 같은 면들을 고려해 볼 때 칭찬에 인색한 부모는 자녀의 자긍심 형성이나 좋은 습관 기르기에 오히려 부정적인 영향을 끼치게 된다.

존 가트맨(John Gottman) 박사는 『내 아이를 위한 사랑의 기술』에서 도움이 되는 칭찬과 도움이 되지 않는 칭찬에 대해 말하고 있다. 아이의 인격과 능력에 관한 칭찬은 도움이 되지 않는다고 한다. "참 똑똑하구나" "착하구나"라는 식의 칭찬은 자녀에게 불안과 부담을 안겨준다. 반면에 구체적으로 한 행동이나 노력한 결과에 대해 칭찬을 하면 자녀의 성장에 큰 도움이 된다는 것이다. 그런데 노력과 성취한 일에 대해 칭찬을 하기 위해서는 특별한 관심을 갖고 자녀의 행동에 대해 관찰할 필요가 있다. 그렇지 않으면 효과적인 칭찬을 하기 어려워지기 때문이다.

자녀가 칭찬 받을 만한 행동을 했는데 부모가 그냥 지나치게 되면 아이들은 이렇게 생각한다. '아빠가 이 일을 별로 좋아하지 않나봐.' 이런 생각이 들면 자녀들은 그 일을 계속하기 위한 동기부여를 받지 못하기 때문에 그 행동이나 일을 쉽게 그만둔다. 그렇게 되면 바람직한 행동을 반복하여 습관으로 이어질 가능성이 희박해진다.

칭찬의 위력은 이것이다. 칭찬은 칭찬 받는 사람으로 하여금 1마일을 더 달리게 만들고, 몇 페이지의 책을 더 읽게 만들며, 피아노 연습을 몇 분 더 할 수 있는 힘을 제공해 준다. 그만두려고 했는데 칭찬을 받으면 그 행동을 계속하게 된다는 뜻이다. 그런 이유로 칭찬을 해야 하는 것이다.

칭찬할 때 두루뭉술하게 하는 칭찬은 별로 효과가 없다. 예를 들어, "우리 아이는 참 착해. 우리 딸 정말 잘했어"라는 식의 칭찬을 들으면 어린아이들은 어떤 것을 보고 착하다고 하는지, 무엇을 잘했다고 하는지 이해하지 못한다. 그래서 구체적으로 칭찬해야 한다. "머리를 예쁘게 잘 빗었네" "글씨를 예쁘게 잘 썼네" "방 청소를 깨끗하게 잘했네"처럼 구체적인 칭찬은 그 행동을 미래에도 반복할 수 있도록 동기부여 해주고 결국에는 습관으로 가는 촉진

제 역할을 한다. 그러므로 자녀들에게 아낌없이 칭찬하자.

도움이 되지 않는 또 하나의 칭찬은 바로 '거짓 칭찬(plastic compliment)'이다. 자녀를 칭찬해 주라고 해서 별로 한 일도 없는데 칭찬을 하면 자녀의 기분만 더 상하게 한다. 예를 들면, 방 청소를 하지 않았는데 "아이구, 방이 참 깨끗하구나"라든지, 옷이 더럽혀져 있는데 "옷을 단정하게 잘 입었네"라고 말한다면 자녀는 기분만 상하게 된다. 비꼬는 소리처럼 들리는 거짓 칭찬은 하지 않는게 더 낫다.

내적인 보상을 경험하도록 격려하라

'내적인 보상'이란 자기만족과 성취감, 보람을 느껴서 갖게 되는 보상을 말한다. 자녀가 어릴 때에는 칭찬이나 선물을 주는 것과 같은 외적 보상이 효과적이지만, 나이가 들어가는데 계속 외적 보상에 의존하여 자녀를 훈련하는 것은 바람직한 일이 아니다. 성장하면서 외적 보상에서 내적 보상으로 옮겨가도록 도와주는 것이 필요하다. '부모가 칭찬하지 않아도, 상이나 선물을 받지 않아도 이 일을 하면 내가 기분이 좋아지고 만족스러우니까 한다'는 생각이 들면 내적 보상은 스스로에게 동기를 부여하는 자극제가 된다. 이때 부모는 이런 말로 자녀에게 동기부여를 해줄 수 있다.

"잘 정리한 노트를 보면 엄마도 기분이 좋은데, 네 기분은 얼마나 더 좋겠니?"

"혼자서 스스로 규칙을 잘 지키는 너를 보면 정말 대견하고 자랑스럽구나. 그런 자신을 바라보는 너는 얼마나 더 자랑스럽게 느끼겠니?"

긍정적인 면을 먼저 칭찬하고, 고쳐야 할 점은 나중에 알려주라

사람들은 대체로 누군가에게 꾸중이나 비난 그리고 지적하는 말을 들으면 몸과 마음이 움츠러들면서 반사적으로 저항심이 생긴다. 그러면서 마음과 귀가 동시에 닫혀 버린다. 누군가의 잘못된 행동을 고쳐주길 원한다면 마음을 여는 칭찬부터 필요하다는 사실을 놓쳐서는 안 된다. 자녀의 잘못된 습관이나 행동을 교정해 주려면 그 행동과 관련된 긍정적인 면을 먼저 칭찬해 주고나서 교정이 필요한 행동을 설명해 주어야 한다. 이와 같은 방식을 사용하면 금세 자녀의 기분이 좋아지고 마음과 귀가 열리게 된다. 이런 상태에서 부모가 바라는 적절한 행동에 대해 구체적으로 알려주면 아이들은 쉽게 그 행동을 따르게 되고, 반복을 거듭하면서 자신의 습관으로 만들어나간다.

딸이 고3이 되었을 때 운동을 열심히 했다. 여름에는 밖에 나가서 운동을 하지만 추운 겨울에는 집안에서 운동을 했다. 하루 일과를 다 마치고 나면 노트북을 가지고 거실로 나온다. 유산소 운동 DVD를 틀어놓고 거기에 맞춰 운동을 한다. 20분 정도 온몸이 땀으로 흥건하도록 열심히 운동을 한 후 샤워를 한다. 너무 대견스러워 딸에게 칭찬을 쏟아붓는다.

"재인아! 네가 운동하는 모습을 보면 엄마는 너무 기뻐. 시간 관리도 건강 관리도 잘하는 재인이가 얼마나 자랑스러운지 몰라. 그리고 아침에 샤워하느라 서두르지 않고 저녁에 샤워하는 것도 엄마 마음에 꼭 들어."

내 말을 들은 재인의 얼굴에도 만족스런 미소가 흘러넘친다.

다음 날 아침이었다. 거실에 나와보니 재인의 운동화와 양말이 그대로 거실에 널브러져 있는 게 아닌가? 운동화와 양말을 정리하지 않은 채 그대로 두고 간 것이었다. '내가 치워줄까? 재인이에게 치우라고 할까?'를 생각하다가 재인이 일어나기를 기다리기로 했다. 아침을 먹고 있는데 재인이 거실로 나왔다.

"요즘 저녁에 운동하고 샤워하고 자니까 기분이 좋지?"

그렇다고 고개를 끄덕였다.

"엄마도 그런 재인이를 보면 기분이 절로 좋아져. 그런데 재인아, 땀흘려서 빨리 샤워하러 가느라 운동화랑 양말을 정리 안 하고 들어간 모양인데, 다음부턴 운동하고 나서 운동화랑 양말을 정리하고 들어가면 더 좋겠다. 그러면 200점 짜리 되겠지?"

기분좋게 운동화와 양말을 제자리에 두고 집을 나선다.

"재인아, 사랑하고 축복해. 좋은 하루 보내고 저녁에 만나자!"

무조건적인 사랑을 실천하므로 좋은 습관을 기르도록 하라

무조건적인 사랑을 받고 있다는 확신이 들면 아이는 부모가 시키는 훈련이 다소 버겁더라도 부모의 사랑에 감사하는 마음으로, 보답하는 마음으로 부모를 기쁘게 하기 위해 훈련에 따라간다. 결과적으로 훈련이 효과적으로 이루어지게 되고, 자녀는 좋은 습관을 기르기 쉬워진다.

좋은 습관을 위한 훈련 방법

• 의사소통

서로 의견과 생각을 나누는 예방적 방법이다. 부모와 자녀가 서로의 견해를 나눔으로 상대방을 이해하고 적절한 행동을 해야 할 필요성을 알게 된다. 그리고 그 행동을 하기로 동의하게 되면서 훈련이 시작된다.

• 보상

'보상'이란 특정한 행동을 강화시켜 주어 그 행동이 미래에도 반복되도록 하는 방법이다. 여기서 '강화(reinforcement)시킨다'는 말은 '강하게 하다(strengthening)' 혹은 '단단하게 하다(fortification)'라는 뜻이다. 시멘트 작업 현장을 생각하면 그 의미를 쉽게 이해할 수 있다. 모래에 시멘트와 물을 적당하게 섞은 다음 시멘트를 바닥에 바른다. 처음에는 굳어지지 않아 걸죽해져 있지만 시간이 지나면서 조금씩 말라간다. 적당하게 물을 뿌려주면 햇빛과 바람을 쪼이면서 더욱 단단해지게 된다. 나중에는 그 위를 걸어도 발자국이 생기지 않을 만큼 단단해진다.

'강화시킨다'는 말은 바로 이런 뜻이다. 처음에는 부모가 원하는 행동을 제대로 하지 못하지만 시멘트 바닥을 더 단단하게 만들기 위해 햇빛을 쪼이고 물을 뿌리듯 아이들이 바람직한 행동을 할 때마다 그 행동에 대한 적절한 보상을 해주는 것이다. 그러면 그 행동이 계속 되풀이되다가 자신도 모르는 사이에 단단해진 행동, 즉 습관으로 굳어지게 된다. 이처럼 적절한 행동을 강화시켜 주기 위해서는 '보상'을 사용하는 것이 효과적이다. 그런데 보상에는 외적 보상과 내적 보상, 두 가지가 있다.

외적 보상에는 사회적 보상과 특권 허락 혹은 물질적 보상 등이 있다. 사회적 보상은 칭찬과 감사의 표시, 사랑의 표현과 만족스런 표정 등을 통해서 하는 보상이다. 특권 허락은 자녀가 좋아하는 일이나 하고 싶어 하는 일을 하도록 허락하는 것이다. 마지막으로 물질적 보상이란 아이가 좋아하는 음식이나 옷, 장난감 등 아이가 원하는 것을 주는 것이다.

내적 보상에는 아이의 내면에서 스스로 생기는 보상이다. 어떤 일을 했을 때 보람과 기쁨을 느끼며, 성취감과 만족감을 경험한다. 이와 같은 경험 때문에 칭찬받지 않아도 그 행동을 계속하고 싶다는 생각을 갖게 된다. 이것이 바로 '내적 보상'이며 최상의 보상이다.

• 논리적인 결과(logical consequences)

자녀가 반복되는 실수를 하지 않도록 하기 위해 잘못된 결과에 대해 아이가 직접 책임지도록 가르치는 방법이다. 논리적인 결과를 사용하려면 부모가 잘 생각해서 '이런 잘못을 할 경우 어떻게 할 것이라는 것'을 자녀에게 미리 설명해 주어야 한다. 논리적인 결과라는 이름이 붙여진 것은 자녀가 잘못한 결과에 대해 책임을 지거나 대가를 지불하는 일 사이에 '논리적으로 서로 연관되어 있어야 한다'는 점 때문이다.

예를 하나 들어보자. 아이가 TV를 보고 싶어서 숙제가 없다고 엄마에게 거짓말을 하고 TV를 보았다. 그런데 나중에 알고보니 거짓말이라고 들통났다. 이럴 경우에 거짓말을 다시 하지 않도록 훈련하려면 논리적인 결과를 사용하는 것이 효과적이다. TV 때문에 거짓말 했기 때문에 그에 대한 대가를 지불할 경우는 TV와 관련된 어떤 것이라야 한다. "너 거짓말을 했으니까 한 달 동안 친구 못 만난다"라거나 "컴퓨터 게임 2주 동안 할 수 없어"라고 벌칙을 주는 것은 나중에 거짓말을 하지 않도록 가르치는 것과는 거리가 좀 멀다. "네가 TV 보고 싶어서 거짓말을 했으니까 앞으로 2주 동안은 TV를 볼 수 없다. 알았지?"라고 할 경우 아이가 대가를 지불하면서 자신의 잘못을 생각하게 된다. 그리고 그 경험을 통해서 거짓말을 하면 TV를 못 보게 된다는 것을 깨닫고 다음부터는 그런 종류의 거짓말을 하지 않도록 노력하게 된다. 논리적인 결과는 아이로 하여금 이해가 되도록 가르치면서 아이를 존중해 주는 방법이고, 실수를 통해 배우도록 하는 좋은 훈련 방법이다. 아이들이 말귀를 알아듣는 초등학교 1학년 정도 되면서부터 이 방법을 많이 사용하면 아이들은 규칙을 잘 지키면서 책임감 있는 행동을 하게 된다.

• 자연적인 결과(natural consequences)

자연적인 결과란 아이로 하여금 직접 체험을 통해서 왜 특정 행동을 하지 말아야 하는지를 깨닫고 배우도록 하는 방법이다. 아이들을 키우면서 이런 일은 흔히 일어난다. 특히 말을 제대로 알아듣지 못하는 어린아이들은 부모가 아무리 설명을 해도 막무가내로 자기가 하고 싶은 것을 하겠다고 고집을 부릴 때가 있다.

예를 들어, 아주 추운 겨울에 세 살짜리 딸이 예쁜 여름 드레스를 입고 학교에 가겠다는 것이다. 엄마가 설명을 해주었다. "너무 추워서 이 드레스 입고 가면 안돼요. 추울 때 이런 옷을 입으면 감기 걸려요." 엄마의 설명에도 아랑곳하지 않고 아이는 계속 고집을 부린다. "너 왜 이렇게 엄마 말을 안 듣는 거야. 엄마가 벌써 몇 번이나 말했잖아? 안 된다고." 고집부리던 아이 때문에 화가 난 엄마가 아이의 엉덩이를 때리면서 겨울 옷을 입히고 아이는 울음을 터뜨린다.

이런 경우에 아이를 효과적으로 훈련하려면 아이 스스로 이해하도록 해야 한다. 말로 설명해도 이해를 못하기 때문에 몸소 체험해 보도록 하는 것이다. "너 그 옷을 입고 학교에 갈 수 있는지 밖에 나가서 5분간 서 있다가 와라." 이럴 경우엔 엄마의 마음이 아프지만 아이가 감기 걸릴 것을 각오해야 한다. 당연히 5분이 채 지나기도 전에 아이는 춥다며 안으로 뛰어들어온다. 그 다음부터 아이는 추운 날에는 여름 옷을 입을 수 없다는 사실을 체험을 통해서 배웠기 때문에 이 같은 일을 다시는 하지 않는다. 이것이 자연적인 결과로 아이를 훈련시키는 방법이다. 자연적인 결과란 부모는 일선에서 물러나고 자연이 직접 가르치도록 한다는 의미에서 붙여진 이름이다.

그런데 자연적인 결과를 사용해 훈련할 때 주의해야 할 점이 있다. 예를 들어서 훈련의 효과를 보기 위해 장기간의 시간이 걸리나 치러야 할 대가가 너무 클 경우에는 자연적인 결과를 사용하기가 어렵다는 것이다. 예를 들어보자. 고3 학생이 갑작스럽게 학교를 그만 다니겠다고 한다. 부모가 자신의 지혜와 경험을 들어 학교를 그만두지 말아야 할 이유를 설명했다. 그럼에도 부모의 말을 듣지 않고 고집을 부릴 경우 자연적인 결과를 사용한다고 생각해 보라.

"그래. 학교 그만둬라. 그리고 공부 안 하면 어떻게 되는지 나중에 알게 될 거다. 인생의 밑바닥에서 쓴맛을 한 번 경험해 봐라. 용돈도 안 되는 쥐꼬리만한 돈 받으면서 일을 하겠다고? 지금 너의 결정이 얼마나 잘못되었는지 한 번 두고 봐라."

이게 자연적인 결과를 사용하는 것인데, 이럴 경우 지불해야 할 대가가 너무 크고 장기간에 걸쳐 부정적인 결과가 예상되기 때문에 이 방법이 아닌 다른 방법을 사용하는 것이 현명하다.

• 타임 아웃

'타임 아웃'이란 잘못된 행동을 한 아이를 일시적으로 다른 장소에 격리시켜 훈련하는 방법이다. 다른 사람과 접촉하지 못하도록 격리된 방이나 가구가 전혀 없는 방, 혹은 아무도 없는 구석에 아이를 혼자 있게 하여 장난을 치지 못하도록 한다. 그와 같은 상태에서 아이로 하여금 무엇을 잘못했는지 생각하는 시간을 갖도록 하는 것이다.

'타임 아웃' 시간은 아이에게 자신의 행동에 대해 스스로 반성할 시간을 갖게 하고, 한편으로는 부모 또한 냉정을 되찾을 시간을 갖는 것이다. 일정 시간의 침묵은 아이를 진정시키는 효과와 아이 스스로 반성할 수 있는 기회를 주지만, 10분 이상이나 더 긴 시간은 별로 효과가 없다. 아이가 집중할 수 있는 시간이 지나면 딴 생각을 하기 때문에 부모가 타임 아웃을 통해 얻고자 하는 효과를 보지 못할 수도 있다. 대개 유아의 경우는 30초, 아이에 따라서 5~10분 정도의 시간이면 충분하다. 아이에게 적절한 타임 아웃 시간을 알고자 하면, 아이가 집중할 수 있는 시간을 계산하는 공식(나이 X 2, 예를 들어 3살짜리 아이에게 최장 타임 아웃 시간은 3살 X2=6분이다)을 사용하여 셈하면 된다.

• 소멸 (무시)

부정적 행위에 대해 아무런 보상을 하지 않고 그 행위가 자연스레 없어지게 하는 훈련법이다. 이는 아이 자체를 무시하라는 의미가 아니라 아이의 잘못된 행동에 관심을 주지 말라는 것이다. 그런데 이 방법을 많이 사용하면 부작용이 있기 때문에 특별한 경우에만 사용해야 한다. 예를 들어 자녀가 분을 터뜨리거나 부모의 대화 중에 끼어들어 방해하는 경우, 자기가 원하는 것을 갖기 위해 울며 떼쓰는 경우에 무관심을 보이면 아이는 그와 같은 행동을 통해서 자신이 원하는 것을 얻을 수 없음을 깨닫고 그 행동을 그만두게 된다. 부모의 관심을 끌 수 없다고 생각한 자녀가 울음을 그치고 정상의 기분으로 돌아오면 부모는 문제가 되는 자녀의 행동에 대해서 구체적으로 설명해 주면서 다음에는 어떻게 행동하기를 바라는지 가르쳐 주어야 한다.

• 특권 박탈

자녀가 원하는 것이나 좋아하는 것을 하지 못하도록 제한하는 훈련법이다. TV 시청 시간, 컴퓨터나 게임 시간 등을 갖지 못하도록 하거나 친구 만나기를 금지시키거나 외출 금지 등이 여기에 속한다.

• 매

매는 주로 아무리 설명해도 알아듣지 못하는 어린 자녀들에게 사용하는 훈련의 한 방법이다. 자녀로 하여금 신체적인 고통을 적당히 경험하도록 하여 부적절한 행동을 그치게 할 수 있다. 즉 매를 맞으면 아프니까 그런 행동을 하지 말아야 한다고 가르치는 방법이다.

매를 사용할 때 몇 가지 주의해야 할 사항이 있다. 자녀가 의사소통이 가능한 나이가 되면 거의 매를 사용할 생각을 하지 않는 것이 좋다. 매에는 긍정적인 측면보다는 부정적인 측면이 훨씬 더 많기 때문이다. 참고로 미국에서는 매 사용이 금지되어 있다. 체벌은 아동학대로 간주되며, 부모가 체벌한 사실이 알려지면 아동보호국의 감시 하에 상담과 자녀 교육 세미나를 필수로 이수해야 한다. 매 사용이 가능한 나이는 열 살 이전까지다. 열 살이 지나면 매는 더 이상 효력이 없다. 오히려 자녀에게 악감정을 불러일으키고 상처만 안겨줄 뿐이다. 그로 인해 부모와 자녀간의 관계가 어긋나게 된다. 특별히 손으로 직접 때리는 일은 절대 하지 말아야 한다. 사랑을 경험해야 할 손으로 직접 맞게 되면 터치를 통해 사랑 대신 아픔과 불쾌한 감정을 느끼게 된다. 그로 인해 자녀는 분노와 미움을 갖게 될 뿐이다.

매는 맨 먼저 사용하는 훈련의 방법이 아니라 맨 마지막에 사용해야 할 방법이라는 것도 기억해 두라. 이 사실을 알면 매가 아닌 다른 방법들을 먼저 찾게 될 것이다. 그렇게 하다보면 매가 굳이 필요하지 않다는 사실을 알게 된다. 이것은 내가 우리 아이들을 키우면서 직접 경험한 바이기도 하다.

매를 사용하는 순서

- 자녀가 혼자 있을 때 하라. 공개적으로 당황하게 하지 말라.
- 부모가 교정하기 전에 부모가 한 말을 이해하고 있는지 확인하기 위해 "우리의 규칙이 뭐지?" "엄마 아빠가 뭐라고 했지?"라고 물어보라.
- 자녀로 하여금 자신의 행동에 대한 책임을 지도록 하기 위해 다음과 같이 물어보라. "그런데 너는 어떻게 했니?"
- 잘못을 교정하는 순간에도 부모가 자녀를 사랑하고 있음을 알려주라. "나는 널 사랑한다. 그러기 때문에 네가 바른 행동을 하도록 도와주고 싶구나"라고 말하라.
- 그런 다음에 매를 들라. 그리고 재빠르고 아프게 때려라.
- 매를 때린 후 즉시 자녀를 위로하라. 자녀를 거부하지 말라. 안아주고 사랑을 확인시켜 주라.
- 필요하다면 아이로 하여금 잘못된 행동에 대한 뒷처리를 하도록 하라.

부모가 매를 사용할 경우 또 하나 기억해야 할 것은 화가 난 상태에서는 절대 매를 들지 말라는 것이다. 잠언에 보면 세 군데 구절(잠언 13:24, 22:15, 29:15)에서 매를 때리라고 허용하고 있는데, 매를 들 경우라 해도 화를 푸는 수단으로 매를 사용해서는 안 된다. 그렇게 되면 자녀의 마음에 상처를 남기는 벌을 준 셈이 되기 때문이다. 매를 훈련의 목적으로 사용하기 위해서는 부모가 일단 화를 가라앉히고 매를 사용하는 순서에 따라 때리는 것이 좋다. 이와 같은 방법으로 매를 사용하면 자녀의 마음에 상처가 되지 않고 자녀는 부모가 사랑하기 때문에 잘못된 행동을 고쳐주려는 목적으로 매를 때렸다고 생각한다.

부모가 매를 때려야겠다고 결정했을 경우에는 베티 체이스가 권하는 아래의 순서에 따라 사용하기 바란다.

위에서 살펴본 8가지 훈련 방법들을 효과적으로 사용하려면 앞의 도표와 같이 1번에 가까운 방법은 더 많이 사용하고, 뒷 번호로 갈수록 빈도를 줄여 사용하는 것이 바람직하다.

긍정적인 효과를 가져오는 훈련 방법

	부정적인 방법(꾸중과 벌)	긍정적인 방법(칭찬과 격려, 인정)
목표	바람직하지 않은 행동을 자제시킴	영적, 도덕적 성장, 자기훈련, 자긍심, 하나님께로부터 받은 소질의 계발, 남을 사랑할 수 있는 능력을 키워줌
초점	부모가 관찰하고 살펴본 잘못된 행동	미래의 가치와 바람직한 행동
부모의 감정	화, 낙담	사랑
자녀의 감정	화, 죄책감, 반항, 낙심	사랑, 인정, 자긍심
훈련의 형태	타임 아웃, 무시, 특권 제한, 매	의사소통, 보상, 논리적인 결과, 자연적인 결과
자녀의 반응	반항 혹은 마지못한 순종	부모와 자신을 기쁘게 하기 위해 순종
부모의 반응	더욱 자제시키는 훈련	더욱 격려하는 행동

위의 비교표를 살펴보면 어떤 훈련의 방법이 더 효과적인 결과를 가져오는지 알 수 있다. 긍정적인 결과를 가져오는 훈련의 방법들을 가능한 한 많이 사용하고, 부정적인 결과를 가져오는 훈

련 방법들은 가능한 한 적게 사용하는 것이 바람직하다. 그렇게 될 때 민주주의 양육 스타일에서 이야기했던 자녀와 부모 모두가 만족한 관계로 발전시켜 나갈 수 있다. 부모는 자녀로부터 존경을 받으며, 자녀는 칭찬과 인정을 받아 건강한 자긍심을 갖게 되고 별 어려움없이 좋은 습관을 기르게 될 것이다.

행동 교정으로 책임 있게
살아가는 자녀로 이끌어라

이 장에서는 자녀의 행동 교정하기에 초점을 맞춘다. 앞에서 적절한 행동을 지속적으로 반복하여 좋은 습관을 기르는 것에 대해 다루었는데, 이 장에서는 부모로 하여금 조바심을 갖게 하고 걱정을 안겨주는 부적절한 행동들을 어떻게 교정하는지 알아볼 것이다. 또 하나 알아둘 것은 훈련의 기초를 다룬 4원칙과 훈련을 통해 좋은 습관 기르기를 다룬 5원칙, 그리고 훈련을 통해 부적절한 행동을 교정하는 6원칙까지 모두 훈련이라는 한 기둥에 속해 있기 때문에 연결지어 생각할 필요가 있다. 이 장에서는 부적절한 행동을 잘못 다루었을 때의 결과는 무엇이며, 부적절한 행동을 하는 원인은 무엇인지, 그리고 원인을 제거하기 위한 대처 방안은 무엇인지 나눌 것이다. 또한 부적절한 행동을 어떻게 다루어야 하는지에 대한 구체적인 원칙과 효과적인 행동 교정의 방법들에 대해서도 생각해 보고자 한다.

저자가 미국에 와서 공부를 시작한 후로 아이들이 다 자라서 고등학교에 갈 때까지 친정어머니께서 두 아이를 키워주셨다. 손자 손녀에 대한 할머니의 사랑은 참으로 지극했다. 그렇게 사랑해 주셨기에 지금도 아이들은 이 세상에서 자기를 정말로 사랑하는 분은 할머니라고 말한다. 아이들이 학교에 갔다오면 간식을 챙겨주시고, 숙제와 피아노 치기, 한글 공부나 방 청소에 이르기까지 아이들이 할 일을 제대로 잘하고 있는지 매일 확인해 주셨다. 반듯한 아이들로 잘 키우시기 위해서였다. 할머니가 키운 자식들이 버릇없다는 말을 들으면 안 된다고 생각하셨기에 아이들이 잘못된 행동을 하면 그냥 지나치지 않으셨다. 어느 날은 '피아노를 치지 않았다고, 방이 너무 지저분하다고, 텔레비전 볼 시간이 지났는데도 계속 보고 있다'고 지적하시며 아이들을 나무라셨다.

그런데 아이들이 점점 자라가면서 할머니가 잘못한 일을 지적하거나 그 일로 꾸중을 하시면 속상해하면서 "할머니가 잔소리를 너무 많이 하신다"고 불평하기 시작했다. 어머니의 훈련 방식이 어떠한지 내가 잘 알고 있었기에 아이들이 무슨 말을 하는지 이해가 되었다. 하지만 어머니가 노여워하실 테니 속상한 아이의 마음을 달래줄 뿐 그들의 편을 들 수가 없었다. 어떻게 할까 고민스러었다.

여러 가지 생각 끝에 한 가지 방법을 찾았다. 어머니를 위해 우리 집에서 특별 자녀 양육 세미나를 갖기로 하고 주위의 아는 분들을 집으로 초청한 것이다. 세미나가 시작되기 전 어머니께 말씀을 드렸다.

"엄마, 혼자 계시기 심심하시니까 세미나에 같이 참석하시면 좋겠어요. 요즘 젊은 사람들이 어떻게 아이들 키우는지도 보시고 딸이 어떻게 강의하는지도 보실 겸해서 말이에요. 혹시 제가 고쳐야 할 점이 있으면 세미나 들으시면서 잘 봐두셨다가 나중에 알려주세요. 그래야 제가 더 좋은 강의를 할 수 있을 테니까요."

내가 인도하는 10주간의 자녀 양육 세미나에 참석한 후 어머니의 훈련 방식에도 놀라운 변화가 생겼다. 세미나 수강 이전에는 아이들이 부적절한 행동을 할 때에만 주로 관심을 보이셨는데, 그 후로는 적절한 행동을 할 때에도 집중적인 관심을 보여주시면서 잘했다는 칭찬을 아끼지 않으셨다. 수강 이전의 어머니는 아이들이 잘한 일을 해도 칭찬을 별로 하지 않으셨다. 당신의 손자 손녀가 잘하는 것은 당연한 일이기 때문에 칭찬할 거리가 못 되었다. 그러나 잘못한 일이나 고쳐야 할 행동이 보이면 그냥 지나치지 않으셨다. 반듯하게 키우는 것이 그분의 목표였으니까.

"재인, 학교 갔다와서 지금까지 피아노를 안 치면 어떻게 해?

아직까지 한글 숙제를 안 했어?"

잘못하고 있는 행동을 찾아내기 위해 주시하고 계셨던 것처럼 그런 행동이 나타날 때마다 지적을 하셨다.

내 방법은 어머니와는 정반대의 방법이었다. 나는 아이들이 텔레비전을 보고 있을 때는 아무 말도 하지 않는다. 텔레비전을 끄고 공부를 시작하면 그 때 이야기한다.

"엄마가 아무 말 하지 않아도 스스로 텔레비전을 끄고 공부하러 가네. 약속을 잘 지키는 우리 아들, 정말 자랑스럽다. 고마워."

아이가 피아노를 치지 않을 때는 아무 말도 하지 않는다. 그렇지만 내가 원하는 행동, 즉 아이가 피아노를 치고 있는 시간에 재인의 방으로 건너간다.

"재인아, 엄마는 재인이 피아노 치는 소리만 듣고 있으면 피곤이 확 풀려. 어쩌면 터치가 그렇게 아름다울까? 엄마는 여기 앉아서 재인의 피아노 치는 소리 들으면서 책 읽을게."

피아노를 그만 치려고 했는데 엄마의 칭찬을 들어 기분이 좋아진 재인은 정해진 시간보다 5분 이상 피아노를 쳤다. 아이가 놀고 있을 때는 아무 말도 하지 않는다. 책상 위에 앉아서 책 읽는 모습을 보면 그때 다가간다.

"우리 아들이 책 읽고 있는 모습을 보니까 엄마 기분이 너무 좋네. 책을 좋아하는 너를 보면 얼마나 감사한지 몰라."

할머니는 잘못된 행동에 초점을 맞추어 꾸중을 하시고, 나는 적절한 행동에 관심과 초점을 맞추어 칭찬을 한다. 이것이 서로 다른 점이다. 여러분은 어떠한가? 나처럼 적절한 행동을 하고 있을 때 칭찬과 인정 그리고 격려로 다가가는가? 아니면 잘한 일에 대해서는 아무 말이 없다가 부적절한 행동을 했을 때 그냥 지나치지 않고, 지적하고 꾸중하는 할머니의 방식으로 자녀를 훈련하고 있는가? 만약 할머니의 방식으로 자녀를 훈련시키고 있다면 당신은 과거의 방식을 버리고 새로운 방식의 훈련법을 배워야 할 것이다.

부모들은 자녀의 부적절한 행동을 고쳐서 반듯한 아이로 키우기 위해 애를 쓴다. 그렇게 하기 위해 이런저런 아이디어와 방법들을 동원한다. 부모가 자기에게 사용했던 방법을 무의식 중에 써보기도 하고, 책이나 세미나에서 배운 방법들을 사용해 보기도 한다. 그러나 잘못된 행동이 생각보다 빨리 고쳐지지 않으면 고민하기 시작한다. '혹시 우리 아이에게 문제가 있는 게 아닐까? 그게 아니라면 나에게 문제가 있는 걸까?' 고개를 젖는 당신에게 내가 만약 '부모인 당신에게 문제가 있습니다'라고 말한다면 어떻게 받아들이겠는가?

앞 장에서 '적절한 행동'을 부모의 마음에 드는 행동이라고 정의했는데, 이 장에서 다룰 '부적절한 행동'은 '부모의 기대치에 어긋나는 행동이나 부모의 마음에 들지 않는 행동'이라고 말할 수 있다. 부적절한 행동을 효과적으로 다루기 위해 부모가 부적절한 행동을 잘못 다루었을 때 자녀에게 얼마나 심각하고 부정적인 영향을 주는지 살펴보려고 한다.

부적절한 행동을 잘못 다루면

가정 분위기가 본질적으로 부정적이며 인과응보적이 된다. 대부분의 부모들은 자녀들의 문제 행동이 나타날 때마다 지적하고 꾸중을 한다. 지적과 꾸중이 효과가 없다고 생각하면 비판과 비난의 화살을 자녀에게 쏟아붓는다. 화가 나서 소리를 지르거나 협박하기 시작한다. 벌을 세우기도 하고 매를 때리기도 하며, 자녀가 좋아하는 것을 하지 못하도록 특권을 박탈하기도 한다. 잘못할 때마다 거기에 상응하는 벌을 내린다. 그러다 보면 가정 분위기가 서로의 잘못을 지적하고 들춰내는 데 익숙해진다. 사용하는 단어도 거칠어지고 부정적이다. 이런 분위기 속에서 살아가는 자녀는 과연 무엇을 배우게 될까? 자녀도 부모와 비슷하게 부정적이게 된다. 남들의 잘한 일을 칭찬하기보다는 잘못한 일을 지적하는 데 선수가 된다.

자녀는 더욱 공격적이 된다

자녀의 부적절한 행동을 바로잡기 위해서 위에서 나열한 것처럼 부정적인 방법들을 사용하면 할수록 자녀는 더욱 거칠어진다. 공격적인 단어와 행동을 골라가며 하게 된다. 상처를 받았기 때문에 상처 주는 말과 행동을 하면서 공격적이게 된다. 자녀들은 부모가 매를 들면서 가르치려고 했던 행동이나 내용은 배우지 않고, 오히려 때리는 행동 그 자체를 배운다. 화를 내면서 가르치고자 했던 내용은 배우지 않고 화내는 법만 배운다. '누가 내게 잘못하면 나도 때릴 수 있다. 누가 나를 화나게 하면 나도 그를 화나게 할 수 있다'라는 잘못된 생각을 굳혀가게 된다.

자녀가 자신감을 상실하고 의기소침하게 된다

실수나 잘못을 할 때마다 꾸중과 벌을 받으면 처음에는 실수하지 않으려고 노력한다. 그러나 노력해도 실수하고, 그 일로 인해 계속 꾸중을 듣게 되면 자신도 모르는 사이에 '실수하지 않는 것을 삶의 중요한 목표'로 삼게 된다. 새로운 일을 시도하다 실수하게 되면 실수하지 않기 위해 시도하는 일 자체를 아예 포기한다. 제대로 할 수 없다면, 실수할 거라면 아예 시작하지 말자는 생각을 하는 것이다. 그러면서 '무엇 하나 제대로 할 수 없는 나, 엄마 아빠의 마음에 들지 못하게 행동하는 나'로 자신을 몰아넣으면서 조금씩 자신감을 잃어간다. 의욕을 상실하는 것이다. 이것이 바로 부적절한 행동을 잘못 다루었을 때 생기는 문제다.

부모와 자녀 간에 관계가 악화된다

자신의 마음에 들지 않게 행동하는 자녀에게 화가 난 부모가 비난과 비판의 화살을 쏘게 되면 부모와 자녀 사이에 부정적인 감정이 오고갈 뿐만 아니라 분노의 감정이 쌓여간다. 그런 부모로부터 아무 힘도 없는 자녀는 무방비 상태에서 일방적으로 상처를 받게 된다. 그러나 시간이 지나면서 자녀가 청소년기에 이르면 상황이 조금씩 달라진다. 그동안 부모에게 받았던 분노와 상처를 반대로 자녀가 부모에게 넘겨주기 시작한다. 화를 버럭 내면서 부모를 향해 소리를 지른다. 상황이 이렇게 역전되면 이제는 부모가 상처를 받게 된다. 좌절감과 배신, 분노의 감정을 고스란히 되돌려 받는다. 서로 상처를 주고받는 악순환의 사이클이 만들어지고, 이로 인해 부모와 자녀와의 관계에 커다란 균열이 생긴다. 서로 보고 싶지 않은 사이가 되어 힘들어한다.

　너무 극단적이고 잔인하게 들리는가? 결코 극단적인 표현이 아니다. 자녀 문제로 고통당하며 내게 상담을 의뢰하는 부모와 자녀들 사이에 흔히 일어나는 일이다. 부적절한 행동을 고치려고 하다가 일이 그 지경에까지 이르고 만 것이다. 위의 세 가지 결과 때문에 아래의 잘못된 모형을 따라 교정하는 일에 초점을 맞추어서는 안 된다. 잘못된 모형을 보면 지도하는 일에 가장 적은 시간을 들이고, 교정하는 일에 가장 많은 시간을 쓰고 있는데, 5장에서 배운 것처럼 올바른 모형으로 지도하는 일과 훈련하는 일에 더 많은 시간과 관심을 쏟아야 효과적인 훈련이 이루어지며, 부정적인 결과를 줄일 수 있게 된다.

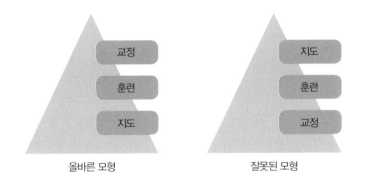

훈련의 3단계 비교

왜 부적절한 행동을 일으킬까?

문제를 해결하려면 문제의 원인을 찾는 것이 무엇보다 중요하다. 모든 문제에는 원인이 있기 마련이다. 몸이 아프면 의사를 만나 진단을 받고 병의 원인을 찾아내야 한다. 원인을 알아야 치료가 가능하기 때문이다. 자녀가 문제 행동을 하게 되면 그 행동의 원인이 무엇인지 파악해야 효과적으로 그 문제를 다룰 수 있다.

아이들이 부적절한 행동을 하는 원인은 다양하다. 아주 간단한 원인에서부터 시작하여 복잡한 원인에 이르기까지 다양한 원인들을 찾아볼 수 있다. 아이들의 몸이 아프고, 피곤하고, 배고플 때, 그리고 짜증이 날 때와 같이 신체적인 불편함에서 오는 원인이거나 아직 나이가 너무 어려서 제대로 부모가 원하는 행동을 하지 못하는 경우들은 여기서 다루지 않겠다. 이러한 경우는 부모들이 자녀들에 대해 조금만 신경써서 관찰해도 금방 발견할 수 있는 원인들이기 때문이다.

애정 결핍과 무시와 거부로 상처 받은 아이들에게서 나타나는 부적절한 행동들은 보다 복잡하지만 이것도 부모의 관심과 노력으로 찾아낼 수 있다. 여기에서는 심리적인 측면에 초점을 맞추어 부적절한 행동의 원인들을 살펴보겠다. 루돌프 드레이커스 (Rudolf Dreikurs)는 네 가지의 심리적 원인들 때문에 아이들이 부적절한 행동을 한다고 주장한다. 그에 의하면 부적절한 행동의 첫 번째 원인은 '관심'을 얻기 원해서다. 아무도 자기에게 관심을 보이지 않는다고 생각할 때 아이들은 엉뚱한 일을 한다. 짓궂은 행동이나 일을 저질러서라도 관심을 받고 싶어한다. 아이들은 어처구니없게도 꾸중을 받는 것도 관심으로 생각한다. 이런 아이들을 올바르게 인도하는 방법은 평상시에 또는 잘한 일을 했을 때 관심을 가져주면서 칭찬을 많이 하는 것이다.

둘째는 자기 마음대로 하고 싶은 '파워(power)에 대한 갈망' 때문에 부적절한 행동을 한다. 파워에 대한 갈망을 다른 말로 바꾸면 선택이나 결정을 자신이 하고 싶어하는 욕구다. 예를 들어 엄마가 집에 오면 숙제부터 하고 나서 게임을 하라고 이야기했다고 하자. 그대로 따르면 엄마가 파워를 가지게 되는 것이고, 엄마의 말을 어기고 자기 마음대로 하면 자기가 파워를 가지게 되는 것으로 생각한다. 만약 부모가 아이의 생각과는 상관없이 무조건 순종이나 복종을 지속적으로 요구한 경우라면 이 같은 욕구가 점점 더 강해지고, 그런 이유 때문에 부모와 힘겨루기(power struggle)를 하는 것이다. 상태가 악화되면 부모가 원하는 일은 일부러 하지 않고 그 반대의 행동을 하게 된다. 자기 마음대로 결정하고 행동하는 것이다. '선택 이론(choice theory)'의 주창자인 윌리엄 글래서(William Glasser) 박사는 아이들이 부적절한 행동을 하는 95 퍼센트의 원인은 모두 '파워를 갈망하는 욕구'에서 비롯된다고 말한다. 이것이 부적절한 행동의 가장 큰 원인이 되는 것이다. 4장에서 이미 배운 대로 자녀에게 선택권을 주는 것이 왜 중요한지 다시 확인하게 된다. 선택권을 주게 되면 파워에 대한 욕구가 채워지기 때문에 부적절한 행동을 할 필요성이 줄어든다. 또한 선택권을 주는 것은 아이들로 하여금 자율성과 함께 책임감을 기르도록 돕는 것이란 사실을 다시 기억할 필요가 있다.

부모인 나 자신이나 자녀가 여기에 해당된다고 생각하면 지금부터라도 자녀에게 선택권과 결정권을 주기 시작해야 한다. 무조건 자녀가 원하는 대로 다 하도록 내버려두란 말은 아니다. 부모가 허용이나 선택의 범위를 미리 정해 주고 그 범위 안에서 자녀가 결정하거나 선택하도록 하라는 말이다. '파워에 대한 욕구'가 어느 정도 충족되고 부모가 자신을 존중해 준다는 확신이 들기 시작하면 자녀들의 부적절한 행동이 점차로 줄어드는 것을 알게 될 것이다.

세 번째 원인으로는 상처 입은 아이들이 부모에게 상처 받은 것을 되갚는 방법으로 사용하는 '복수'다. '아빠가 나를 화나게 했지? 아빠도 한 번 당해봐' '엄마가 나에게 소리지르며 욕을 했지? 그때 그 기분이 어떤지 엄마도 한 번 당해봐'라는 자세다. 그래서 그들은 부모를 화나게 할 방법을 일부러 찾기 시작한다. 소리를 지르기 시작하고, 상처를 주는 말과 행동을 거리낌없이 하게 된다. 그 럴 경우라면 아이의 말과 행동에 대해 상처 받지 않겠다고 다짐하라. 그리고 그들의 말과 행동을 액면 그대로 받아들이지 말아야 한다. 엄마가 밉고 싫다고 말을 하면 이렇게 해석하는 연습을 하라. '네가 화가 나서 나를 싫다고 말을 하는 것이지, 실제로는 그 게 네 마음은 아니지'라고. 또한 '엄마 아빠와는 죽어도 함께 살고 싶지 않아'라고 말하면 곧이 곧대로 받아들여서 속상해하지 말고, '지금 화가 나니까 그런 말을 하는 거지, 실제 속마음은 그게 아니 지'라고.

이처럼 해석을 하면 괘씸하기는 하지만 상처 받을 필요가 없어 진다. 상처 받지 않고 침착함을 유지하는 부모를 보면 이런 방식 을 통해서 자녀가 부모에게 상처를 줄 수 없다는 사실을 깨닫게 된다. 그런데 화나게 할 목적으로 부모에게 한 말이나 행동을 했 는데, 부모가 상처 받고 있는 것을 보이면 그들의 목적이 달성된 것이다. 노발대발하면서 화를 내거나 머리를 싸매고 드러눕게 되 면 아이들은 고소해한다. 그 사실을 확인하고 나면 자신이 상처 받았을 때 부모에게 되갚는 부적절한 행동을 계속하게 될 것이다.

네 번째 원인으로는 '무능력'의 표현으로 부적절한 행동을 한다 는 것이다. 낮은 자존감을 가진 아이들은 그렇지 않은 아이들보다 부적절한 행동을 할 가능성이 훨씬 더 높다. 실패할 것 같은 일은 아예 시도하지도 않으려고 한다. 자신감이 없기 때문에 실수를 더 자주한다. 이런 경우라면 비난은 상처에 소금을 뿌리는 것과 같다. 비난과 비판이 가해지면 그들은 더욱 더 움츠러들고, 자신감을 잃어간다. 칭찬과 격려만이 자녀를 회복시킬 수 있다.

딩크마이어(Dinkmeyer) 박사는 이 네 가지 주된 원인 외에도 '청소년기에 이르면 흥분과 재미를 위해, 우월감을 느끼기 위해, 동료들로부터 인정 받고 수용되고자 하는 욕구 때문에 부적절한 행동을 하게 된다'고 덧붙인다. 일단 부적절한 행동의 원인을 파악하고 나면 그에 따른 올바른 대처법을 배워야 한다. 다음의 도표를 보면서 바른 목표와 확신으로 이끄는 방법을 배워 실천하는 것은 부적절한 행동을 적절한 행동으로 바꾸는 중요한 도구가 될 것이다.

자녀의 부적절한 행동에 대한 대처 방안

원인과 목적	부적절한 행동의 예	어떻게 할까?	바른 목표와 확신으로 이끄는 방법
주의 집중 관심 끌기	적극적: 어릿광대 짓궂은 행동. 유별난 옷차림 수동적: 잘 잊어 버린다. 시중 들어주기를 원한다.	자녀의 요구에 관심을 가져주지 말라. 가능하면 무시하라. 시중을 들어주지 말라.	자녀가 어떤 일에 공헌했을 때 칭찬하고 인정해 주라. 바람직한 행동을 했을 때 고마움을 표시하라.
파워 선택권	적극적: 불순종, 요구함, 고함 지름 수동적: 고집 부림, 부모를 무시	다투거나 양보하지 말라. 파워 게임을 멈추라. 가능하면 그 상황을 피하라. 자녀가 결과에 대해서 책임지도록 하라.	자녀로 하여금 결정하게 하라. 신뢰한다고 말하라.
복수	적극적: 무례함, 상처를 주는 말, 난폭한 행동 수동적: 다른 사람을 매섭게 노려봄	상처 받지 말라. 화를 내지 말라. 십대 자녀에게 상처를 주지 말라. 신뢰를 쌓도록 노력하라. 자녀가 사랑 받고 있다는 것을 느끼도록 하라.	공정을 기하라. 인격적으로 대하라. 다른 사람을 존중하므로 자녀에게 본을 보이라.
무능력의 표현	수동적: 쉽게 포기함. 시도하지 않음, 술이나 알콜로 도피	동정하지 말라. 모든 비난을 중지하라. 작은 노력이라도 주목하고 칭찬하라. 자녀를 포기하지 말라.	자녀의 장점에 초점을 맞추라. 현명한 결정을 했을 때 칭찬하고 인정하라. 자녀를 격려하라.

『부모 핸드북(STEP)』에서

부적절한 행동을 다루는 원칙

자녀의 부적절한 행동에 대해 화난 당신의 감정부터 조절하라

다음의 도표를 살펴보면 일차적으로 자녀의 잘못 때문에 부모가 화난 감정을 갖게 되고, 그 감정이 2의 화난 행동으로 이어진다. 화난 행동으로는 화를 벌컥 내면서 소리를 지른다든지, 비난하든지, '너 메시지'를 쓰며 자녀의 잘못된 행동을 꾸중하는 것 등이다. 부모가 화가 나서 화난 행동을 자녀에게 할 경우 자녀가 어떻게 반응하는지 살펴보자. 3에서 보는 것처럼 자녀도 부모와 똑같이 화난 감정을 품게 된다. 그러면 곧바로 4에서 보는 것처럼 자녀도 화난 행동을 하게 된다. 그러기 때문에 화를 조절하는 것이 부적절한 행동을 다루기 위해 가장 먼저 실천되어야 할 원칙이 된다. 역으로 부모가 화를 먼저 조절하게 되면 화난 행동을 할 필요가 없어지고, 그에 따라 자녀도 부모가 화를 조절하고 부적절한 행동을 다루기 때문에 화낼 필요나 화가 난 행동을 할 필요가 없어지게 된다.

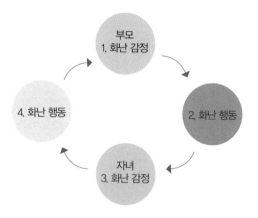

부모
1. 화난 감정

2. 화난 행동

자녀
3. 화난 감정

4. 화난 행동

'나 메시지'로 자녀의 잘못된 행동에 대해 말하라

'적극적 경청'과 '나 메시지'라는 의사소통 기술을 창안한 토머스 고든 박사의 '나 메시지'의 효과는 참으로 대단하다. 이 사실을 지난 20년간 부모와 부부들을 위한 세미나를 인도하면서 확인하고 재확인할 수 있었다.

누군가의 잘못을 지적할 때 시작하는 말로 '나(I)'를 사용하면 '나 메시지(I-Message)'라고 하고, 시작하는 말로 '너(You)'를 사용하면 '너 메시지(You-Message)'라고 한다. '너 메시지'를 사용하면 잘못한 사람은 자신을 비난하고 공격하는 말로 듣기 때문에 감정이 상하게 된다. 감정이 상하면 부적절한 행동을 고칠 가능성도

줄어들고, 말하는 사람과 듣는 사람 사이에 관계도 부정적이 된다. 그렇기 때문에 '나 메시지'를 사용하는 게 훨씬 더 효과적이다. 우선 '나 메시지'는 자녀의 부적절한 행동을 바로잡도록 긍정적인 영향을 끼치고 자녀의 성장 및 부모와의 관계에도 좋은 영향을 미치기 때문에 그렇다.

둘째로 '나 메시지'는 저항이나 반항을 일으킬 가능성이 낮아지도록 하기 때문에 효과적이다. 일반적으로 누군가의 잘못으로 인해 화가 나면 사람들은 대부분 '너 메시지'를 사용한다. '너 메시지'는 화가 걸러지지 않은 상태에서 화가 화살이 되어 듣는 사람의 감정과 인격을 공격하게 된다. 그렇게 되면 듣는 사람은 자기를 비난하거나 공격한다고 생각되어 반사적으로 방어 태세나 공격 태세를 갖춘다. 방어 태세로는 변명이나 핑계를 대고, 공격 태세로는 반항이나 재공격(counter-attack)을 하게 된다.

하지만 부모가 감정을 조절한 다음, '나 메시지'를 사용하게 되면 말하는 내용이 비난하거나 공격하는 말로 들리지 않는다. 결과적으로 감정이 상하게 되지 않고 저항할 필요도 없어진다. 그렇기 때문에 말하는 사람과 듣는 사람 사이의 관계가 긍정적으로 되는 것이다.

셋째로, '나 메시지'를 사용하면 행동을 고칠 책임이 아이에게 전적으로 넘어가기 때문에 효과적이다. 아이의 잘못된 행동을 구체적으로 지적한 후에, 그 행동을 어떻게 바꿔주기를 원하는지 분명하게 밝혀준다. 또 자녀들이 부모가 원하는 행동이 무엇인지를 정확히 이해하게 되면 부적절한 행동을 적절한 행동으로 고쳐갈 수 있게 된다.

이처럼 효과적인 '나 메시지'를 어떻게 사용할 수 있을까? 먼저 '나 메시지'는 네 단계로 이루어진다. 1단계에서는 아이의 잘못된 행동으로 인해 어떤 감정이 드는지 알려준다. 감정을 표현하는 단어들 '화가 난다, 속이 상하다, 슬프다' 등을 사용한다. 2단계에서는 잘못된 행동을 구체적으로 설명한다. "네가 이런 행동을 해서 (할 때) ……"라고 설명한다. 그런데 여기서 기억해야 할 점은 지난날에 있었던 비슷한 잘못을 다시 들추어내지 말고, 그 날에 있었던 행동 하나만을 가지고 이야기하라는 것이다. 3단계에서는 아이의 잘못 때문에 화가 난 이유와 속이 상한 이유를 '왜냐하면'을 사용해서 짧고 간단하게 설명하는 것이다. 마지막 4단계에서는 부모가 원하는 구체적인 행동이 무엇인지 알려주고, 명령이 아닌 부탁으로 표현하는 것이다.

예를 들어보자.

"그 동안 몇 번이나 말했는데, 아직까지도 숙제를 안 했어? 너 엄마 말 듣고 있는 거야, 안 듣고 있는 거야? 너 엄마 말이 말 같지 않니? 아이고 정말 속상해서 못살겠다.”

무슨 메시지인가? 바로 ‘너 메시지’다. 이와 같은 ‘너 메시지’를 ‘나 메시지’로 바꾸어보자. 먼저 감정에 해당하는 부분에 대해 이야기해야 할 때 속상하다는 말을 해야 할 것이다. ‘엄마는 너무 속상하다.’ 두 번째는 아이의 부적절한 행동이 무엇인지 찾아보자. ‘엄마가 여러 번 말했는데 듣지 않아서’다. 첫 번째와 두 번째는 서로 바꾸어서 사용해도 상관이 없다. 편한 대로 사용하면 된다. 세 번째는 왜 속상한지 짧게 이야기할 차례다. ‘엄마 말을 안 들으면, 네가 엄마 말을 가볍게 생각하고 무시한다는 생각이 들기 때문에’이다. 마지막으로 ‘엄마가 말을 하면 힘들더라도 하던 일 중단하고 숙제부터 하기를 바란다.’

연결시켜보면 이렇게 된다. “엄마는 너무 속상하다. 엄마가 여러 번 말했는데 아직도 숙제를 하지 않아서. 네가 엄마 말을 빨리 안 들으면 엄마 말을 가볍게 듣는 것 같아서 말이야. 힘들어도 숙제 먼저 하고 다른 일을 하기 바란다.” 혹은 1단계와 2단계를 바꾸어서 이렇게 표현할 수도 있다. “지금까지 여러 번 말을 했는데 네가 숙제를 하지 않아서 엄마가 속상하다. 왜냐하면 네가 엄마가 말할 때 빨리 듣지 않으면 엄마 말을 무시하는 것 같아서 속이 상해. 힘들어도 하던 일을 중지하고 숙제부터 하기 바란다.”

나 메시지

1단계 : 아이의 행동에 대한 부모의 감정을 이야기한다.
2단계 : 받아들일 수 없는 행동만을 설명한다.
3단계 : 아이의 행동이 부모에게 어떤 영향을 주는지 설명한다.
4단계 : 부모가 원하는 행동을 구체적으로 부탁한다.

자녀에게 적절한 행동을 명시하면서 강조하라

자녀가 부적절한 행동을 계속 반복하고 있다면 기초부터 다시 점검해 볼 필요가 있다. 부모가 원하는 적절한 행동이 무엇인지를 잘 알고 있는지, 그리고 어떻게 행동해야 하는지 구체적으로 알고 있는가를 확인하는 작업부터 시작해야 한다. 많은 경우 부모들은 자녀에게 한두 번 말했으면 자녀들이 다 이해할 거라고 생각한다. 하지만 사실은 그렇지 않다. 부모의 설명이 충분하지 않았을 수도 있고, 부모가 말할 때 자녀가 건성으로 듣고 대답했을 수도 있다. 그렇기 때문에 부모가 기대하는 적절한 행동에 대해 다시 짚고 넘어가야 한다. 방 청소를 하라고 했다면 아이가 어디까지 하기를 원하는지 구체적으로 설명해 주고, 엄마가 직접 방을 청소하는 것을 보여준 다음에 아이가 혼자서 하도록 하는 것이다. 샤워 후에 벗은 옷을 샤워장에 그대로 두고 오는 아이라면 엄마가 아이를 샤워장으로 데려가서 샤워장에 빨래를 그대로 두고 오면 왜 안 좋은지 충분히 설명한 다음, 아이가 한 번 직접 해보게 한다. 빨래통에 가져다가 빨래를 넣고 샤워장을 나가도록 하는 것이다. 이때 빨래통이 너무 먼 곳에 있어서 아이가 바닥에 그냥 놓고 간다고 생각이 되면 샤워장이나 가까운 곳에 빨래통을 두어서 잊어 버리는 일이 없도록 배려하면 더 빨리 적절한 행동을 하게 될 것이다.

'하지 말라. 왜냐하면, 그 대신에'라는 말로 대체 행동을 알려주라

"샤워장에 벗은 옷을 그대로 두고 오지 말라. 왜냐하면 그 다음에 샤워장을 사용하는 사람은 기분좋게 사용할 수 없기도 하고, 엄마가 네 대신 일을 다시 해야 하는 번거로움이 있기 때문이야. 그 대신에 빨래통에 벗은 옷을 넣기 바란다"라고 말하면 아이들은 대체 행동을 알기 때문에 쉽게 부적절한 행동을 교정할 수 있게 된다.

잘못한 행동에 대해 설명할 기회를 주라

자녀가 부적절한 행동을 해서 문제가 발생한 상황 속에서도 아이를 존중해야 한다. 화가 나서 아이를 혼내주고 싶은 충동이 생기더라도 일단 화를 가라앉힌 다음, 왜 이런 일이 벌어졌는지를 설명할 기회를 주는 것이 바로 아이를 존중해 주는 것이다. 물어보지 않아도 뻔히 아는 일이라고 생각되더라도 나의 짐작을 옆으로 제쳐두고, 자신을 존중해 주는 자세를 보여라. 그러면 자녀는 설명하는 과정 속에서, 그리고 부모와 이야기하는 과정 속에서 자기의 잘못을 충분히 깨닫게 되고, 이로 인해 배움과 성장의 기회를 가질 수 있기 때문이다.

또한 부적절한 행동을 한 이유가 불 보듯이 뻔하다고 생각해서 아이에게 벌을 주었는데, 나중에 알고 보니 잘못이 없는 아이를 혼냈다는 것을 알게 되는 경우도 생기기 때문에 아이의 생각이나 입장을 들어보는 것은 참으로 중요하다. 자기가 잘못하지도 않았는데 부모가 다짜고짜 벌을 주게 되면 아이는 오랫동안 억울한 감정과 함께 분노를 갖게 된다. 또한 상처를 입기 때문에 전후 사정을 잘 알아본 뒤, 아이가 잘못한 것이 분명할 때 다시 반복되는 잘못을 저지르지 않도록 조치를 취해야 한다.

적절한 행동에 대한 기대치를 자녀의 나이 수준에 맞추라

아이의 지속적인 노력에도 불구하고 자녀가 부모의 기대치에 못 미치는 행동을 한다면 부모는 너무 어려운 일을 자녀에게 요구하지는 않았는지 평가해 보아야 한다. 만약 어린 시절부터 책 읽는 것이 중요하다고 생각해서 이제 단어 하나씩 배워가는 자녀에게 하루에 한 권씩 책을 읽으라고 한다면 아이는 부모의 기대에 결코 부응할 수 없다. 이처럼 나이에 맞지 않거나 능력에 맞지 않은 너무 높은 기대치를 요구하면 자녀들은 풀이 죽는다. 그 기준에 미칠 수 없다고 생각되면 열등감이 생기고, 이로 인해 자신만의 세계 속으로 침잠해 들어갈 수도 있다.

또한 정신과 의사들과 심리학자들은 부모가 너무 관대해서 자녀에게 적은 기대를 하면 그것 역시 자녀들에게 해를 끼치게 될 것이라고 주장한다. 자녀를 너무 사랑하기 때문에 도저히 벌을 줄 수 없다고 말하는 부모를 둔 어린이는 마치 교통 신호없이 거리를 질주해 달려가는 자동차처럼 위험하다. 혼동과 당황 속에 빠진 어린이는 점점 더 나쁜 행동을 하므로 부모를 화나게 할지도 모른다. 적절한 기대치, 나이와 능력에 맞는 기대치를 설정해 주면 아이는 부모가 원하는 기대치에 쉽게 이를 수 있지만 그렇지 못할 경우 부적절한 행동을 더 많이 하게 된다는 사실을 기억하자.

자녀를 공격하지 말고 잘못된 행동을 구체적으로 지적하라

무슨 말인가? 문제를 공격하고 자녀의 인격을 공격하지 않도록 주의하라는 것이다. 자녀와 문제를 따로 떼어서 '그 행동이 잘못되었다고 말을 해야지, 그런 행동을 했으니까 너는 그런 사람이야'라는 부정적인 꼬리표를 달지 말라는 것이다. 예를 들어보자. "넌 거짓말쟁이야." 이 말은 자녀의 인격을 공격하는 말이다. 그렇게 말하는 대신 "거짓말을 하는 것은 나쁘다"라고 말을 하면 '거짓말 하는 행동'을 따로 떼어 지적하기 때문에 아이의 감정이 상하지 않게 된다. 감정이 상하지 않는 가운데 잘못에 대한 지적을 받으면 자녀는 그 행동을 하지 않겠다는 결단과 각오를 하게 된다. 하지만 인신공격을 받는다고 생각되면 삐뚤어진 행동이나 부적절한 행동을 할 가능성이 커지기 때문에 결코 좋은 방법이 아니다.

효과적인 훈련 방법을 선별해서 사용하라

어떤 부모들은 아이들이 잘못을 할 때마다 똑같은 방법을 사용한다. 어떤 방법이 더 효과가 있을 것인지 생각하지 않고 매를 때리거나 벌을 주든지, 아니면 특권을 박탈하는 식으로 부적절한 행동을 할 때마다 원인에 상관없이 같은 체벌을 가한다. 이러한 경우, 부적절한 행동은 쉽게 고쳐지지 않고 부모와 자녀 사이의 관계만 나빠진다. 5장에서 이미 배운 훈련 방법들 중에서 잘못된 행동을 가장 효과적으로 교정해 줄 수 있다고 생각되는 방법들을 선별해서 사용하도록 한다.

이해할 만한 훈련을 시켜라

부모가 내리는 벌이 공정하지 않다고 생각되면 아이들은 화가 난다. 화가 난 아이들은 부모가 원하는 훈련에 제대로 따라오지 않는다. 그렇기 때문에 부모가 왜 그렇게 훈련하는지 이해시키는 것이 필요하다. 아이들이 생각하기에 이해가 되고 수긍이 되면 부모 말에 큰 저항없이 따르게 된다. 이해할 만한 훈련 방법으로는 '의사소통이나 자연적인 결과 혹은 논리적인 결과' 와 같은 것들이 있다.

아이의 행동에 지적만 하지 말고 행동을 취하라

말로 협박만 하고 행동을 취하지 않으면 아이들은 부모 말을 심각하게 받아들이지 않는다. 매를 때린다고 말해도 매를 안 때릴 것을 알기 때문에 부모의 말을 듣지 않는다. 보통의 부모들은 자녀가 부적절한 행동을 할 때 다음과 같은 패턴을 취한다. 아래의 행동 패턴을 살펴보면 계속적으로 부모는 말로만 위협한다. 지시하고, 수를 세고, 경고를 하고, 소리를 지르고, 화를 낸다. 이런 부모의 패턴을 알게 된 자녀는 아직도 자신에게 기회가 있음을 알고 부적절한 행동을 곧바로 멈추지 않는다.

그렇다면 언제 아이들이 말을 듣고 적절한 행동을 하는가? 협박이나 말을 멈추고 부모가 행동으로 옮길 때다. 자녀와 실랑이를 벌이는 불필요한 말싸움을 중지하고, 말을 듣지 않으면 어떻게 할 것인지를 분명히 말한 후 그대로 행동하라. 그러면 자녀는 부

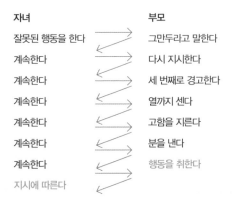

자녀	부모
잘못된 행동을 한다	그만두라고 말한다
계속한다	다시 지시한다
계속한다	세 번째로 경고한다
계속한다	열까지 센다
계속한다	고함을 지른다
계속한다	분을 낸다
계속한다	행동을 취한다
지시에 따른다	

베티 체이스의 『인격적인 사랑, 효과적인 훈련』에서

모가 한 말에 권위를 부여하며, 부적절한 행동을 비교적 쉽게 그만 둔다. 실천할 수 있는 행동과 책임질 수 있는 행동에 대해 신중하게 생각한 다음, 자녀에게 구체적으로 말하라. 장난감을 가지고 논 후 장난감 바구니에 넣지 않으면 갖다버리겠다고 말을 했다면 그렇게 행동하라. 그렇게 할 수 없다면 그런 식으로 협박하면 안된다. 게임을 그만두지 않고 계속할 경우에 게임기를 밖으로 던져버리겠다고 말했다면 그대로 하라. 만약 그렇게 할 수 없다면 빈말은 하지 말라.

자녀 양육의 목표가 '실수하지 않는 자녀로 키우는 것'이라면 곧

란하다. 실수하지 않고 잘못된 행동을 하지 않는 자녀로 키우는 것을 목표로 한다면 부모는 심각한 실수를 하고 있는 것이다. 그와 같은 목표를 이루기 위해 잘못할 때마다 지적하고 꾸중하며 비난하는 것은 자녀의 성장에 부정적인 영향을 미친다. 그보다는 오히려 실수를 통해서 배우고 성장하도록 자녀를 키우는 것이 목표가 되어야 한다. 명령만 내리면 그대로 행동하는 '인격 없는 로봇' 같은 자녀로 만드는 것이 자녀 양육의 목표가 아니다. 오히려 훈련을 통해 책임감을 길러주고 자기 삶을 책임 있게 살아가는 성숙한 인간으로 키우는 것이 자녀 양육의 목표가 되어야 한다.

모범을 통한 교육으로
부모의 삶과 신앙을 전수하라

집에서 가장 잘 보이는 부분이 있다면 바로 지붕이다. 지붕은 울타리로 둘러쳐도 밖에서 잘 보이고, 집 안에 있는 사람들이 위로 올려다 볼 수 있는 곳에 위치해 있다. 부모의 삶은 자녀에게 무방비 상태로 노출되어 있다. 부모의 성격이나 인품, 신앙, 가치관, 라이프 스타일이나 생활 습관 등 일거수 일투족을 자녀들이 보고 있다. 매일 매일, 아니 살아가는 평생 동안…. 이처럼 부모가 자녀에게 미치는 영향력은 절대적이다. 신체적인 면, 지적인 면, 정서적인 면, 사회적인 면, 그리고 도덕적인 면과 영적인 면에 이르기까지 자녀의 삶 전 영역에 영향을 미치는 부모의 삶은 자녀에게 평생 지워지지 않는 흔적을 남긴다. 이런 관점에서 모범을 통한 교육이 얼마나 중요한지, 그리고 모범을 통한 교육을 어떻게 할 것인지에 관해 생각해 보자.

『가버린 그들: 자녀들은 왜 교회를 떠나는가, 막을 방법은 무엇인가?』의 저자 켄 햄(Ken Ham), 브릿 비머 (Britt Beemer)와 토드 힐러드(Todd Hillard)의 조사에 따르면, 미국에 사는 20대 젊은이들 가운데 19퍼센트는 한 번도 교회에 나와 본 적이 없고, 고등학교 때 열심히 신앙생활을 했던 20퍼센트의 학생들만이 고등학교 졸업 후에도 신앙생활을 열심히 하고 있다고 했다. 그런데 61퍼센트의 대다수 젊은이들은 고등학교를 졸업한 후로 교회에 나가지 않는다고 응답했다. 저자는 젊은이들이 교회를 떠나게 된 이유를 들고 있는데, 그 중 하나는 말씀대로 실천하는 신앙과 삶의 본을 보여주지 못해서 신앙교육이 제대로 이뤄지지 않았기 때문이라고 지적하고 있다.

저자들은 이미 교회를 떠난 그들을 다시 불러오기 위해, 또 어린 자녀들이 다시는 그와 같은 현상을 되풀이하지 않도록 하기 위해 다양한 전략을 개발하고 그와 함께 회복운동이 일어나야 한다고 주장한다. 이 일을 위한 주역으로는 부모와 기독교교육가 그리고 청소년사역자와 목회자인데, 그 중 첫 번째 책임을 감당해야 할 사람은 바로 부모다. 학교나 사회는 더 이상 신앙 교육을 위한 장소가 아니라는 사실을 알아야 하고, 우리 자녀의 신앙 교육에 있어서 교회의 한계를 인정해야 한다. 자녀들의 신앙 교육을 위해 신명기 6장의 명령대로 부모가 말씀을 부지런히 가르치되, 신앙과 삶의 본을 통해 자녀를 가르쳐야 한다고 힘주어 말하고 있다.

크리스천 카운셀러인 폴과 리처드 마이어(Paul and Richard Meier)의 집단치료에 온 잭이라는 남자의 이야기를 통해 말로만이 아닌 행동이 뒤따르는 모범의 중요성을 생각해 보자.

잭은 자신이 어떤 아빠인지 집단원들에게 들려주었다.

"매주 일요일과 수요일 저녁에는 아이들이 교회에 가게 하죠. 그런데 저는 앉아 있기 힘들고 피곤해서 가질 않습니다. 그리고 아이들은 매일 밤 한 시간씩 성경을 읽도록 시켜요. 그런데 저는 성경이 재미없고 따분해서 읽지 않습니다. 그리고 텔레비전은 좋지 않은 광고가 너무 많은 까닭에 아이들이 보는 것을 금지합니다. 제 자신은 매일 밤 술을 마시면서 텔레비전을 보면서 말이죠."

이 같은 부모를 향해 데이비드 제레마이어(David Jeremiah)는 자녀에게 한 손에는 영양가 있는 음식을, 다른 한 손에는 독약을 쥐어주는 것과 같다고 했다. 당신은 어떻게 생각하는가?

모델링: 모범을 통한 교육

스탠퍼드 대학의 앨버트 반두라(Albert Bandura) 교수는 '사회학습이론(Social Learning Theory)'을 정립한 심리학자다. 그의 이론에 따르면 인간은 '사회화 과정 속에서 다른 사람들의 행동을 관찰하고 관찰한 바를 흉내내면서 특정 행동을 배워간다'는 것이다. 그가 이야기하는 사회학습이론은 '모방학습'이라고도 하고, '관찰학습'이라고도 한다. 결론적으로 모방학습은 아이들의 첫 번째 학습 방법이자 가장 뛰어난 학습 방법임을 말하고 싶다.

모방이란 '흉내내기나 본보기를 따라하는 행동'을 말하는데, 어린아이들은 엄마의 행동을 흉내내고, 아빠의 행동을 따라하고, 친구의 행동을 복사하듯 모방한다. 자기 자신은 누군가를 끊임없이 모방하면서 행여 다른 아이들이 자기의 행동을 따라하는 것 같으면 아이들은 질겁을 하면서 싫어한다. "Don't be a copy cat!"이나 "Don't copy me!"라고 소리를 지르면서 따라하지 말라고 한다. 인형놀이를 하면서도 한 아이는 신부 노릇이나 엄마 역할을 하고, 다른 아이는 신랑 역할이나 아빠 역할을 한다. 그 역할은 모방을 통해 나오는 행동들로 이루어진다. 행복한 아빠와 엄마의 모습을 보고 자란 아이들은 행복한 부부 생활을 훌륭하게 연출해낸다. 부모들의 다툼을 보고 자란 아이들은 부부 싸움 장면을 생생하게 연출해낸다. 유치원 학생들이 노는 모습을 잠깐만 살펴봐도 그 집안의 풍경을 쉽게 엿볼 수 있다. 그 집에서 사용하는 말과 행동들, 집안 분위기와 살아가는 모습들을 들여다볼 수 있다.

낯선 아이들과 가장 빨리 친해지는 방법은 서로 '흉내내기' 하는 것이다. 유치부 아이들이 신이 나서 따라하는 활동 중에 '나처럼 해봐요'라는 게임이 있다. '눈, 눈, 눈, 눈, 코' 하면서 코를 잡지 않고 귀를 잡으면, 들은 대로 따라하지 않고 보는 대로 따라하면서 귀를 잡게 된다. 이것이 바로 모방 학습이다.

그런데 최근 들어 이 모방학습이론을 보다 더 확실하게 뒷받침하는 과학적 자료들이 뇌 과학자들에 의해 발표되고 있다. 그들은 인간의 뇌세포 안에 내장되어 있는 '거울 신경'의 발견과 원숭이 실험 과정을 통해 모방학습이론을 한층 더 견고하게 해주었다.

2009년 『미러링 피플(Mirroring People)』을 출간한 마르코 야코보니(Marco Iacoboni) 박사는 「뉴스위크」가 선정한 21세기 주목해야 할 100인 가운데 한 사람이자 현재 캘리포니아 대학(UCLA) 교수이며, 뇌인지연구소장으로 자타가 인정하는 세계 최고 수준의 뇌신경 과학자다. 그의 저서 『미러링 피플』은 거울 뉴런(Mirror Neuron)의 발견과 운동, 감정, 중독 작용에 관한 지난 20년 동안의 학계 연구를 일목요연하게 정리한 책이다. 거울 뉴런이란 남의 행동을 보는 것만으로도 자신이 그 행동을 할 때와 똑같이 반응하는 신경세포를 말한다.

야코보니 박사는 그의 저서에서 거울 뉴런을 발견한 이탈리아의 신경생리학자 비토리오 갈레세(Vittorio Gallese) 박사의 실험 결과를 인용하고 있다. 갈레세 박사의 실험에서 거울 뉴런은 컵을 쥐거나 미소를 짓는 등 다른 사람의 행위를 보는 것만으로도 자신이 그런 행위를 하는 것처럼 활성화됐다. 누군가가 축구공을 찰 때나 공을 차고 있는 소리를 들을 때, 심지어 '차다'라는 단어를 말하거나 듣기만 해도 거울 뉴런은 반응했다. 갈레세 박사는 이 과정을 지켜보면서 '거울 뉴런은 모방 뉴런이다'라는 결론을 내렸다. 다른 사람이 움직이면 성급한 거울 뉴런은 따라하고 본다. 실제 행위를 할지, 안 할지는 후차적인 문제다. 거울 뉴런은 자동으로 모방한다는 것이다.

그런데 이 거울 뉴런이 인간의 감정에도 관여한다는 것이다. 다른 사람이 웃거나 우는 모습을 볼 때 거울 뉴런은 우리 스스로의 얼굴이 웃거나 우는 것과 똑같이 활성화된다. 거울 뉴런이 인간의 감정을 주관하는 변연계에 신호를 보내면 얼굴은 표정을 짓고, 인간은 슬픔과 기쁨을 느낀다. 이 사실을 증명하고자 마르코 야코보니는 인간의 기능성 자기공명영상(fMRI)을 찍었고, 그 속에서 거울 뉴런이 대뇌피질의 섬(insula)에서 변연계로 이어지는 해부학적 연결망을 발견했다. 이것은 사람들의 행동뿐 아니라 다른 사람의 감정조차 우리가 모방한다는 사실을 보여주는 것이라고 주장한다. 모방하면서 다른 사람과 함께 공감한다는 것이다.

그런데 이들의 연구보다 몇 천 년 앞서서 성경은 이미 거울 뉴런의 역할인 '모방과 공감 능력'에 대해 언급하고 있다. 잠언 27장 19절의 "물에 비치면 얼굴이 서로 같은 것 같이 사람의 마음도 서로 비치느니라"는 말씀을 생각과 행동을 반영하는 거울 뉴런과 모델링의 현상을 함께 연결지어 생각해 볼 수 있다.

그러면 부모가 자녀에게 미치는 모델링의 영향에 대해 성경은 어떻게 말하고 있는가? 구약성경의 열왕기상을 보면 여로보암 왕 한 사람의 죄가 아들 나답, 손자 바사 그리고 증손자 엘라(뿐만 아니라 이스라엘의 모든 왕)에게까지 영향을 끼쳐 하나님을 대적하는 죄를 짓게 만들었음을 보여준다. 한 인간의 악행 때문에 온 백성이 209년 동안 헤어날 수 없는 수렁에서 허덕였다고 성경은 말하고 있다. 여로보암 이후 북이스라엘을 다스린 왕은 열아홉 명이었는데, 그들 모두가 악행을 저질렀다. 특별히 그 중 열다섯 명의 왕들은 여로보암의 전철을 밟아가며 악행을 저질렀다.

그러면 남유다의 왕들은 어떠한가? 스무 명의 왕들 가운데 열두 명이 악을 행했고, 여덟 명이 선정을 베풀었다. 그런데 신기하게도 이스라엘 왕들의 어머니에 대한 기록은 거의 없는데 반해, 유다 왕들의 어머니에 관해서 언급한 사실을 주목했던 성경학자가 있다. 댈러스 신학교의 교수였던 로이 주크(Roy B. Zuck) 박사다. 그는 자신의 저서 『하나님의 눈으로 자녀를 바라보라』에서 유다 왕들의 어머니의 인적사항을 일목요연하게 정리했다. 그리고 성경 기자들이 의도적으로 유다 왕들의 어머니에 대해 기록해 놓은 것은 어머니가 자식의 정치적인 리더십에 어떤 영향을 끼쳤는지를 보여주기 위함이라고 주장했다.

한편 신약에서는 할머니와 어머니의 삶을 통해 신앙의 모범을 보면서 성장한 디모데의 삶을 이렇게 소개하고 있다. "네 속에 거짓이 없는 믿음이 있음을 생각함이라 이 믿음은 먼저 네 외조모 로이스와 네 어머니 유니게 속에 있더니 네 속에도 있는 줄을 확신하노라"(디모데후서 1:5)라는 말씀으로 디모데가 신앙의 본을 따라 그 길로 행했다는 사실을 증명해 주고 있다.

신앙이나 가치관은 말을 통해 배운다기보다 보는 것을 통해 자연스럽게 습득되는 것이라고 말한다. 이 말을 달리 표현하면 부모의 행동과 인격이 반영되어 있지 않는 한, 말로만 하는 가르침은 거의 효과가 없다는 뜻이다. 예를 들어, 부모는 난폭 운전을 하면서 자녀에게 안전 운행을 해야 한다고 충고해도 자녀는 부모의 말대로 행동하는 것이 아니라 부모가 보인 모범을 따라 행동한다는 것이다. 자녀는 들은 대로 행동하지 않고 본 대로 행동한다.

모델링의 대상

자녀의 삶에 있어서 첫 번째 모델은 '부모'다. 아이가 태어나 첫 번째 만나는 사람, 자신을 가장 사랑해 주며 자신과 함께 가장 많은 시간을 보내는 사람···. 자녀는 그 사람을 날마다 바라보면서 산다. 그래서 부모는 자녀에게 '바라봄의 대상'이 된다. 일거수 일투족을 바라보며 의식적으로든 무의식적으로든 그를 흉내낸다.

자녀의 삶에 있어서 두 번째 모델은 '텔레비전'이다. 특별한 노력을 기울이지 않는다면 태어난 아이들은 부모 다음으로 텔레비전이나 비디오와 함께 시간을 보낼 가능성이 높다. 어린아이들은 자신이 좋아하는 프로그램이나 만화를 몇 번씩 되풀이하면서 시청한다. 내용을 줄줄이 외울 만큼 반복적으로 보아도 지루해하지 않는다. 그러면서 반복되는 줄거리 속에 나오는 행동들을 모방한다. 텔레비전에서 좋은 것을 보면 그것을 따라하고, 나쁜 장면을 보면 그것도 따라한다. 욕을 하면 욕을 배우고, 싸우는 장면을 보면 싸우는 것을 배운다. 텔레비전이 두 번째 '바라봄의 대상'이 되는 것이다.

자녀가 성장하면 어릴 때와는 조금씩 다른 모습으로 텔레비전의 영향을 받는다. 어릴 때는 단순한 행동이나 말을 모방하지만 나이가 들어감에 따라 그들의 사고와 가치관 형성에 영향을 받는다. 텔레비전 속에서 자신이 따르기 원하는 모델을 찾는다. 주목을 받으면서 화려한 의상과 몸짓, 멋진 연기를 통해 시청자들의 시선을 사로잡는 무대 위의 사람들, 가수나 배우, 패션 모델이나 개그맨이 그들의 선망의 대상이 된다. 때로는 경기장에서 팬들의 환호와 박수갈채를 받는 운동선수가 되고 싶어 한다. 그들처럼 부자가 되고 싶어 한다. 자신의 재능이나 능력에 상관없이 그들처럼 되기를 소망하며 허황된 꿈을 꾼다.

자녀의 삶에 있어서 세 번째 모델은 '또래 집단'이다. 부모에 비할 수는 없겠지만 친구의 영향력도 자녀들의 삶에서 결코 무시할 수 없는 요소다. 친구들과 많은 시간을 보내며 이런저런 모양으로 그들의 영향을 받는다. 그들의 행동이나 생각, 그들이 즐겨 부르는 노래, 좋아하는 활동들, 입는 옷이나 헤어 스타일 등 좋아하는 친구를 마냥 닮고 싶어한다. 그래서 좋은 친구를 만나면 좋은 영향을 받고 나쁜 친구를 만나면 나쁜 영향을 고스란히 받게 된다.

모델링의 원칙

• 하나님을 '부모의 모델'로 삼으라

우리는 부모 세대를 통해 어떻게 자녀를 키워야 할지 잘 배우지 못한 환경 가운데에서 성장했다. 유교의 영향을 지배적으로 받았던 부모들은 권위주의로 자녀를 키워왔고, 자녀가 너무 많아 제대로 돌볼 수 없는 상황에서 생존이 삶의 유일한 목표가 되었던 가정에서는 자녀들이 방치된 가운데 자라왔다. 이래저래 이상적인 '부모의 역할모델'을 보지 못하고 자랐던 게 부모 세대들의 실정이었다.

과학 문명의 혜택으로 삶의 질은 높아지고 편리해졌으며, 전과 비할 수 없을 정도로 작은 수의 자녀를 낳아 기르는 오늘날의 상황에서도 여전히 올바른 부모 역할모델을 찾아보기란 쉬운 일이 아니다. 그러면 우리는 누구를 통해 부모의 역할을 배울 수 있을까? 바로 하나님 아버지를 통해서다. 하나님이 '아버지의 모델'이자 '부모의 모델'이다. 시간과 공간을 초월하여 그분은 '완벽한 부모의 모델'이시기 때문이다.

하나님이 우리를 어떻게 양육하셨는지를 살펴보면 그에게서 부모의 역할을 배울 수 있다. 하나님은 자녀인 우리를 로봇처럼 키우지 않으신다. 재촉하지 않으시고 한 걸음 한 걸음 우리의 손을 잡고 보조를 맞춰가면서 우리를 인도하신다. 그는 끝없는 사랑을 베풀어주시고, 사랑한다고 귓가에 속삭이신다. 때로는 큰소리로도 말씀하신다. 나의 존재와 가치를 인정해 주신다. 끝없이 인내하며 우리를 기다려주신다. 가끔은 안 되겠다 싶어 꾸중하시고,

아주 가끔씩은 사랑의 매를 들기도 하신다. 그러나 그 순간에도 그분은 변함없이 따스한 가슴으로 안아주시며 우리를 용납해 주신다.

그는 우리가 치명적인 잘못을 하고 실수를 반복해도 다시 기회를 주신다. 우리의 연약함과 부족으로 끝없는 실망을 줄지라도 여전히 우리를 향한 희망을 버리지 않으신다. 그리고 우리가 사명을 향해 나아가도록 격려하신다. 죄를 짓고 용서를 구할 때, 얼굴조차 들 수 없는 우리를 향해 고개를 들라고 하시며 용서해 주신다. 날마다 성숙해 가도록 우리를 지도하신다. 의의 길로 인도하신다. 이것이 바로 그분이 우리를 양육하시는 방법이다. 그래서 부모인 우리는 자녀를 키우는 일에 그분의 방법을 적용하고 모방해야 한다. "하나님은 이럴 때 어떻게 하실까?"를 먼저 생각하는 것이 바로 방법이다.

어린 시절, 엄마 말을 듣지 않고 고집을 부릴 때 엄마는 가끔씩 내게 이런 말씀을 하셨다. "너도 결혼해서 네 자식 낳아 키워봐. 그때는 엄마의 마음을 알게 될 거야." 이제 내가 엄마가 되어 내 자식들에게 똑같은 말을 하고 있다. "얘들아, 다음에 엄마 아빠가 되면 그때 엄마가 왜 그랬는지 엄마 마음을 이해하게 될 거야." 아이들을 키우면서 나는 하나님 아버지의 마음을 비로소 알게 되었다. 아이들이 고집을 부려서 속상할 때면 하나님 생각을 하게 되었다.

"하나님, 저 아이들의 모습이 꼭 제 모습과 같지요? 제길로 가겠다고 고집부리는 제 모습이지요? 제가 그럴 때마다 하나님은 얼마나 속상하셨어요? 죄송해요. 아버지, 용서해 주세요. 바른 길보다 쉬운 길을 가려 하고, 어려우면 포기하고 싶고, 지금 당장 안 주면 참지 못해 안달을 내고, 하나님의 길보다는 자기의 길을 가려고 하는 저 아이들의 모습이 저와 꼭 닮았지요? 하나님, 지금까지 참아주셔서 고마워요. 지금까지 절 기다려주셔서 고마워요. 하나님 아버지의 사랑, 하나님 아버지의 마음 알게 하시려고 제게 자녀 주신 것 고마워요."

아이들을 키우면서 내가 비로소 어른이 되어간다. 아이들을 키우면서 조금씩 성숙되어 간다는 것을 느낀다. 사랑하는 법, 용서하는 법, 인내하는 법, 훈련하는 법을 하나님으로부터 배우면서 어제보다 조금 더 나은 부모가 되어간다.

• 신앙생활을 삶의 최우선순위에 놓아라

하나님을 사랑하고 그분의 뜻에 따라 살아가는 '신앙 좋은 자녀'로 키우는 것, 이것은 크리스천 부모들의 소원이다. 그런데 이 소원은 생각보다 쉽게 이루어지지 않는다. 이것은 내가 부모로서 감당해야 할 책임의 부분이 이행되었을 때 비로소 가능해지기 때문이다. 자녀를 위한 일상의 기도는 어찌보면 부모로서 매일 내가 감당해야 할 책임보다 쉬운 일일 수 있다. 하나님께서 자녀를 신앙으로 잘 키우라는 책임을 내게 주셨는데, 그 책임과 의무를 심각하게 받아들이고 신앙 교육을 하는 부모들은 많지 않은 것 같다. 또한 신앙 교육을 잘하고 싶어도 어떻게 해야 할지를 몰라서 신앙 교육의 책임을 교회에 맡겨 버리는 부모들도 있다.

신앙생활 잘하는 자녀로 키우고 싶다면 다음의 두 가지가 함께 병행되어야 한다. 먼저는 부모 자신이 신앙생활을 삶의 최우선 순위에 두고 살아야 한다. 즉 본이 되는 신앙의 아름다운 모습을 그대로 보여주는 것이다. 그 다음으로는 자녀가 그렇게 살도록 가르쳐야 한다.

신명기 6장 4~9절 말씀은 구체적으로 이 두 가지를 실천할 수 있도록 우리에게 가이드라인을 제시하고 있다. 이 말씀은 이스라엘 백성이 선조와 부모의 유언으로 생각하고 믿고 따르는 '쉐마(이스라엘아 들으라)'다.

"이스라엘아 들으라 우리 하나님 여호와는 오직 유일한 여호와이시니 너는 마음을 다하고 뜻을 다하고 힘을 다하여 네 하나님 여호와를 사랑하라 오늘 내가 네게 명하는 이 말씀을 너는 마음에 새기고 네 자녀에게 부지런히 가르치며 집에 앉았을 때에든지 길을 갈 때에든지 누워 있을 때에든지 일어날 때에든지 이 말씀을 강론

할 것이며 너는 또 그것을 네 손목에 매어 기호를 삼으며 네 미간에 붙여 표로 삼고 또 네 집 문설주와 바깥 문에 기록할지니라"

첫째로 신명기 6장 5절의 말씀처럼 부모인 우리 자신이 하나님을 전 인격적으로 사랑해야 한다. 다시 말해 하나님 사랑하는 일을 삶의 최우선순위에 두는 것이다. 그리고 신앙 교육을 잘 시키기 위해 하나님이 말씀하시는 바를 '마음에 새기는 것,' 즉 적용과 실천을 위해 말씀을 묵상하고 외워야 한다. 그리하여 내 것이 된 그 말씀을 자녀들에게 부지런히 가르치는 것이다. 부모 자신이 말씀을 실천하면서 말씀을 자녀들에게 가르친다면 자녀의 신앙 교육에서 결코 실패할 수 없다. 하나님의 섭리를 이루기 위한 특별한 경우를 제외하고는 말이다.

둘째로 부지런히 가르치라고 명령하고 있다. 그런데 얼마나 부지런히 가르치라고 하는가? "집에 있을 때도, 길을 갈 때에도, 일어나 활동할 때에도, 잠자리에 누워서까지도 하나님의 말씀을 가르치라"고 한다. '항상 가르치라'는 말씀이다. 즉 모든 상황과 처지를 불문하고 가르치라는 말씀이다.

그렇다면 우리는 이 말씀을 어떤 자세로 받고 있는가? 경건한 유태인들이 쉐마의 말씀을 지키는 노력은 눈물겨울 정도다. 그들이 목숨을 걸 정도로 이 말씀을 지키는 이유는 쉐마 다음에 따라오는 축복의 약속 때문이라고 생각한다. 말씀을 지켜 순종하면 복을 얻고 불순종하면 저주가 임할 것이라는 말씀 때문이다. 정통 유태인들은 쉐마에 나오는 내용처럼 실제로 '메두사'라는 상자에 쉐마의 구절을 넣어두고, 기도할 때마다 이 상자에 끈을 달아 손목에 매고 이마에 맨다. 또한 이 메두사를 바깥문과 문설주에 달아둔다.

상징적인 말씀을 문자 그대로 해석하고 실천한다는 점에서 비난과 부정적인 견해를 표하는 사람들도 있지만, 여하튼 이 말씀의 실천에 대한 그들의 열심은 높이 살 만하다. 온 식구들이 집 안팎을 드나들 때마다 쉐마를 기억나게 하는 메두사 상자를 보며, 하나님 사랑과 자녀의 신앙 교육을 속으로 다짐한다. 부모들 또한 기도할 때마다 하나님 사랑과 자녀의 신앙 교육을 다짐하게 하는 쉐마 상자를 잊지 않도록 보이는 곳마다 상징물을 걸어두고 '하나님 사랑과 자녀의 신앙 교육'에 열심을 다하는 유태인 부모들에게서 배워야 할 것이다.

그런 이유에서인지 현실적으로 볼 때 유태인들이 세계를 이끌어가고 있다는 점이 흥미롭다. 정계와 법조계에서, 재계와 학계에서, 그리고 예술과 문화 분야에서, 그 외 모든 삶의 현장에서 그들이 20세기를 이끌어왔고 21세기를 주도해 가고 있다. 만약 그들이 하나님의 약속을 믿고 쉐마의 말씀을 잘 지킨 것 때문에 자자손손 축복을 받아 누리고 있다면 우리가 크게 도전받아야 할 부분일 것이다. 혹시 유태인들은 너무 지나치게 이 말씀에 집착하고 있고, 개신교 부모들은 너무한다 싶을 정도로 이 말씀을 가볍게 여기는 것은 아닐까?

• 가치관을 설정하고 그에 따라 살라

'가치관'이란 무엇인가? 어떤 일이나 활동이 너무 중요하기 때문에 시간과 돈과 에너지를 투자해서라도 얻으려고 하는 것, 어떤 경우는 삶까지 투자해서 얻기 원하는 것, 이것이 바로 가치관이다. 그러기 때문에 무엇을 하며 시간을 가장 많이 보내고 있는가를 살펴보면 그 사람의 가치관이 무엇인지 알 수 있다. 즉 어떤 일에 시간과 돈을 투자하고 있는가를 보면 그 사람의 가치관을 알게 된다. 신앙생활이 중요하다고 생각하는 사람들은 신앙생활에 시간과 돈과 에너지를 투자한다. 건강이 중요하다고 생각하는 사람들은 건강을 위해 시간과 돈을 투자한다. 자녀 교육이 중요하다고 생각하는 사람들은 자녀 교육에 시간과 돈을 투자한다. 그런데 입으로는 중요하다고 하면서 실제로 그 일에 시간과 돈과 에너지를 투자하지 않는다면 그것은 그의 가치관이 아니다. 생각만 중요하다고 하는 것은 가치관이 아니기 때문이다.

자녀들의 가치관은 많은 시간을 함께 보내는 사람이나 활동의 영향을 받으며 가치관을 형성해 간다. 부모와 함께 시간을 많이 보내면 부모의 가치관을 자신의 것으로 받아들이기 쉽지만, 부모와 함께 시간을 갖지 못하고 텔레비전 앞에서 많은 시간을 보내고 있다면 대중매체의 영향을 받으면서 가치관을 형성해 간다. 만약 책과 함께 많은 시간을 보내고 있다면 책이 전해 주고자 하는 메시지를 받으면서 가치관을 형성해 나갈 것이다.

부모나 자녀의 가치관을 알 수 있으려면 그들이 지금 어떤 일에 가장 많은 시간을 사용하고 있는지, 눈으로 무엇을 가장 많이 보고 있는지 점검해 보면 될 것이다. 먼저 부모 자신이 자신의 가치관을 점검해 본 후 자녀가 본받아도 괜찮을 것인지, 아니면 가치관에 수정이 필요한지 평가해 보는 과정이 필요하다. 부모가 자녀의 가치관 형성에 영향을 끼치기 원한다면 아래 다이어그램을 보면서 함께 보내는 시간을 확보하는 것이 우선이다.

가치관 형성에 영향을 미치는 요소들

부모와 보내는 시간이 없고, 책 읽는 데 시간을 보내지 않는다면 자녀는 자연스레 TV나 컴퓨터, 대중매체가 보여주는 가치관을 자신의 것으로 받아들일 가능성이 커진다. 자녀에게 좋은 영향을 끼치고 싶다면 부모와 책 읽는 시간을 늘리고 TV 보는 시간을 최소화하는 것이 바른 가치관 형성을 위한 기초 작업이다.

기초가 다져지면 그 후에는 가치관 자체에 초점을 맞추어 검토해 보는 일이다. 신앙생활, 가정생활, 봉사 활동, 자녀 교육, 취미 생활, 정직과 신용, 우정과 우애, 건강, 사회적 승인이나 직장에서의 성공, 동료들로부터 인정 받기 등 많은 것들이 있을 수 있겠다. 이 중에서 내가 가장 중요하게 생각하는 가치들에 순위를 매겨보면서 정말 그 일을 위해 내가 가진 것을 투자하고 있는지 평가해 보라. 부모 자신이 세운 가치관에 따라 살면 자연스럽게 자녀의 삶에 스며들 것이고, 자녀도 부모의 영향을 받아 부모와 비슷한 가치관을 형성해 갈 것이다.

모델링, 이렇게 하라

삶 속에서 부딪히는 문제 해결의 모범을 보여라

자녀들은

부모가 어려움을 어떻게 극복하고 있는지, 문제가 생겼을 때 그 문제를 어떻게 풀어나가는지 부모의 삶을 들여다보고 있다. 크고 작은 성공 앞에서 부모는 어떤 자세를 취하며, 실패는 어떻게 받아들이는지 바라보고 있다. 이런 일들에 대해 아무 개념이 없는 어린 시절에는 모르겠지만 초등학생이 되면서부터는 조금씩 부모의 삶을 저울질하는 평가가 가능해진다.

신명기 6장의 쉐마 구절 뒤에는 자녀에게 가르칠 신앙 교육의 내용이 나온다. '말씀과 규례와 법도에 대하여' 가르치라는 것이다. 그런데 말씀을 가르칠 때 자녀들이 질문하기를, "우리 하나님 여호와의 명하신 증거와 말씀과 규례와 법도가 무슨 뜻이냐?"고 물으면 하나님이 하신 일에 대해 이야기해 주라는 것이다. '이스라엘 역사 속에서, 고통스런 삶의 여정 속에서 하나님이 구체적으로 하신 일, 즉 애굽의 종살이에서 권능의 손으로 해방시켜 주신 일과 바로 앞에서 이적과 기사를 행하신 일'을 가르쳐주라는 것이다. 애굽의 종살이에서 구원하신 하나님은 우리를 죄에서 구원하신 하나님이시다. 그 하나님과 그의 구원을 가르치라는 말씀이다. 그리고 그 하나님께로 자녀를 인도하라는 말씀이다.

또한 성경 속의 역사만 가르치지 말고, 역사 속의 하나님에 대해서만 가르치지 말고, 현재에도 여전히 역사하시는 하나님, 부모가 친히 경험한 하나님에 대해서 가르치라고 말한다. 부모에게 하나님은 어떤 일을 행하셨는지, 어떻게 삶의 여정 가운데 친히 인도하셨는지, 어려움을 어떻게 극복하게 하셨는지, 문제 해결을 어떻게 해주셨는지에 대해 구체적으로 가르치라는 것이다. 그렇게 하면 자녀들이 삶의 어려움에 직면할 때 부모를 어려움에서 건져주신 하나님을 찾게 될 것이다. 하나님이 문제 해결의 키를 갖고 계심을 알고 자녀들은 그 분께 답을 구하러 나아갈 것이다.

이에 대하여 스캇 펙(Scott Peck) 박사는 그의 저서 『아직도 가야 할 길』에서 부모인 우리에게 이같이 교훈하고 있다.

"우리는 우리 자신과 자녀들의 정신적·영적 건강을 성취할 수 있는 기술을 배워야 한다. 우리 자신과 우리 자녀들에게 고통을 겪는 것이 필요하고 가치가 있다는 사실과 문제들을 직접 당면해서 고통을 체험해야 할 필요가 있다는 사실을 가르치도록 하자는 것이다. 이러한 가르침은 우리가 삶의 문제를 직면하여 성공적으로 해결해 나갈 수 있고, 또 그 과정에서 성장할 수 있도록 도와주는 기술이라는 것을 분명히 알게 될 것이다. 우리 자신과 자녀들이 스스로 이러한 가르침을 체득하려고 노력하는 태도를 가질 때 비로소 우리는 고통을 감내하고 성장하는 방법을 배울 수 있게 될 것이다."

나는 아이들과 함께하는 가족 시간에 감사한 일과 즐거운 일도 나누지만 힘들고 어려운 일도 아이들이 이해할 수 있는 범위 내에서는 나누기를 주저하지 않는다. 그리고 그 어려움 속에서 함께 하신 하나님에 대해 나누기를 즐겨했다. 승리를 주신 하나님을 찬 양했고, 실패와 좌절 가운데 배움과 성장의 기회를 주신 하나님에 대해서 이야기를 해주었다. 삶 속에서, 그리고 사역하는 가운데 경험하는 하나님에 대해서 진술한 나눔의 기회를 가졌다. 그런데 이와 같은 나눔이 얼마나 유익했는지는 나중에 알게 되었다.

딸 재인이 대학에 가기 위해 입학원서를 쓸 무렵, 자신의 인생 에서 영웅(hero)이 누구인지, 그리고 왜 그렇게 생각하는지를 묻 는 질문에 대한 에세이를 읽게 되었다. '자신의 삶 속에 두 명의 영웅이 있는데, 그 중에 가장 오래된 영웅은 우리 엄마'라는 답을 쓴 것이다. 그 이유에 대한 설명으로는 '삶 속에서 일어나는 크고 작은 어려움을 극복하고, 힘든 상황을 잘 이겨내는 모습을 보여주 었기 때문'이라고 쓰여 있었다. 내가 경험한 하나님, 순경과 역경 속에서 함께해 주신 하나님에 대해 이야기해 주었던 것들 때문에 딸이 그런 생각을 하게 되지 않았나 생각한다. 우리의 아들 딸들 이 자신의 삶 속에 폭풍우 같은 어려움을 만날 때 하나님께 기대 어 그 어려움을 극복할 수 있도록 보여주고 이야기해 주는 것, 이 것이 우리 자녀들의 신앙 교육에 꼭 필요한 내용이 아닐까? 또한 신명기에서 이야기하는 '우리를 애굽에서 인도하여 내신 하나님 에 대해 가르치라'는 것이 아닐까?

자녀에게 본을 보여야 할 또 다른 영역은 봉사의 삶이다. 교회와 이웃, 사회를 위한 봉사다. 이런 정신을 가르쳐주고 싶다면 부모인 우리가 그런 모델을 보여주는 것이다. 또한 그런 봉사 활동에 함께 참여하는 것이다. 함께 참여하는 것을 통해 아름다운 추억은 물론 봉사의 정신을 귀하게 여기는 부모를 본받아 자녀들도 자연스럽게 그런 일에 관심을 갖게 될 것이다. 관심뿐 아니라 부모가 보람과 가치 있는 일에 시간과 물질을 투자하는 것을 보면서 자신도 봉사의 삶을 자신의 가치로 삼게 될 것이다. 함께 참여할수 없다면 부모가 경험한 봉사 활동에 관한 이야기를 그냥 지나치지 말고 자녀들과 나누는 것이 좋다. 그리고 가족 중 누군가가 봉사나 선교 활동에 참여하고 돌아오면 가족이 함께 모여 이 일에대해 나눔의 시간을 꼭 가질 것을 권한다. 또한 그 활동에 참여한일에 대해 감사와 칭찬을 아끼지 않게 되면 그 일을 지속적으로하게 될 것이다.

물론 성경에서는 구제할 때에 "오른손이 하는 것을 왼손이 모르게 하라"(마태복음 6:3)는 말씀이 있지만 자녀의 신앙과 가치관 교육을 위해서는 봉사 활동이나 선교 그리고 구제 활동에 함께하고 나누는 것이 더 좋다고 생각한다. 그런데 이 모든 경우는 부모가 삶 속에서 사랑하고 존경하는 모델이 되었을 때 가능하다는 사실을 기억하는 것이 좋겠다. "우리 부모는 밖에서는 천사인데, 집에서는 안 그래. 다른 모든 사람들에게는 잘하는데, 집에서는 그렇지 않아"라며 부모를 이중인격자나 위선자라는 생각을 갖고 있다면 부모들의 봉사 활동에 대해서 어떤 감동도, 영향도 받지 않을 것이기 때문이다.

가치관 형성에 본이 될 자서전이나 위인전을 읽도록 격려하라

초등학교 시절에 책을 얼마나 가까이하고 좋아하느냐는 그 다음 학업의 기간을 어떻게 보낼 것인가를 미리 가늠해 볼 수 있는 척도가 된다. 자녀가 독서를 좋아하며 이를 습관으로 만드는 데 있어서 부모가 결정적인 역할을 한다. 부모가 보여주는 모범을 통해서 말이다.

우리 집에는 책이 여기저기 널려 있다. 책꽂이엔 물론이고 거실에도, 침대 옆에도 읽다가 둔 책들이 놓여 있다. 화장실에도 가볍게 읽을 만한 잡지가 있다. 나와 남편 모두 공부하는 사람들이기 때문이다. 원래 이런 분위기에다 책 읽기를 강조하면서 아이들을 길러온 덕분에 두 아이들은 텔레비전이나 컴퓨터 앞에서 시간을

보내는 일보다 책을 읽으면서 보내는 시간들이 훨씬 더 많았다.

책 읽는 습관을 들이는 것도 중요하지만 어떤 책을 고를 것인지에 대한 선택에도 부모의 도움이 필요하다. 책을 읽기 시작할 무렵부터 책을 선택할 때 아이들이 좋아하는 책만 사주거나 읽게 하려고 하지 말고, 좋은 모범을 보여줄 수 있는 위인전이나 자서전을 읽도록 격려하는 것이 중요하다. 그런데 이 일은 결코 쉬운 일이 아니다.

우리 집에서는 아이들이 어렸을 때 서점에 가면 두 권 정도는 자신이 읽고 싶은 책을 고르도록 하고, 한 권은 엄마 아빠가 원하는 책을 사기로 약속이 되어 있었다. 그렇게 하지 않으면 어느 한 부분에 치중할 가능성이 많아진다. 그리고 책을 읽고 나면 책에 대한 독후감을 쓰고 그 내용에 대해 이야기를 나누곤 했다. 방학이 되면 몇 권의 책을 읽을 것인지 전체 목표와 주간 목표를 세우고, 목표를 달성하고 나면 칭찬뿐 아니라 일주일에 한 번 돌아오는 가족시간에 읽은 페이지를 확인하고 축하해 주어 독서를 습관으로 만들 수 있었다.

아이들이 재미있는 책이나 쉬운 책만 골라 읽고 싶어한다. 그래서 자서전이나 위인전은 지루하고 재미없다고 읽기 싫어하는 경우가 많다. 그러나 위인전이나 자서전을 통해 주인공이 가진 가치관과 세계관을 배울 수 있으며, 그들을 삶의 모델로 정할 수 있는

좋은 기회가 되기 때문에 독서는 가치관 교육을 위해 아주 좋은
도구가 되는 것이다.

텔레비전의 영향력을 극소화하라

텔레비전을 비롯한 대
중매체는 오늘날 우리에게 없어서는 안 될 필수품이 되었다. '엔
터테인먼트(entertainment)'란 단어를 생각하면 제일 먼저 떠오르
는 것이 텔레비전이다. 텔레비전은 엔터테인먼트의 도구일 뿐 아
니라 우리 삶에 유익한 여러 가지 정보와 자료들을 제공해 주며,
세계 곳곳에서 일어나는 사건들을 당일로 생생하게 전달해 주는
뉴스 매체로서 또한 교육의 도구로서의 역할을 톡톡히 감당하고
있다. 그러나 유익보다 더 걱정해야 할 위험 요소가 곳곳에 도사
리고 있음을 간과할 수 없다. 특별히 어린이들과 청소년들에게는
더욱 그렇다.

텔레비전과 대중매체로 통칭하는 컴퓨터이나 비디오 게임을 사
용하는 시간의 증가는 아이들로부터 독서할 수 있는 시간, 휴식과
수면 시간을 빼앗아가고 있다. 무엇보다 더 큰 걱정거리는 어린이
가 시청하는 만화영화에서부터 청소년들이 시청하는 각종 영화
속에 보여지는 폭력 장면들이다. 그밖에도 청소년들이 시청하는

214

프로그램에서는 담배와 술, 마약 복용을 부추기는가 하면 무분별하게 선정적인 성적 대화와 장면들이 여과되지 않고 마구 보여진다. 보는 것을 통해 모방하는 우리 자녀들에게 말이다.

텔레비전이나 영화가 보여주는 폭력 장면이 어린이와 청소년에게 미치는 부정적인 영향력에 대한 연구는 텔레비전의 문제점이 지적되면서부터 지금까지 수십 년 동안 계속되고 있다. 그 중에서 가장 유명한 연구 하나를 꼽으라고 한다면 1961년에 앨버트 반두라 교수에 의해 행해진 보보 인형(Bobo Doll)에 대한 연구일 것이다. 실험에서 유치원 아이들에게 다음과 같은 폭력영화를 보여주었다. 영화에 등장하는 한 여자가 보보 인형을 때려치고 공격적인 말을 퍼붓는 장면, 머리를 망치로 내리치고, 코를 비틀고, 발로 차고, 앉아서 깔아 뭉개고, 공중으로 던지고, 공으로 때리는 장면들을 담은 필름이었다. 이 필름 시청을 마친 후 보보 인형이 있는 방으로 아이들이 데리고 갔다. 그 방에 들어간 아이들은 필름에 나오는 여자의 말과 행동을 흉내내어 인형을 때리기 시작했다. 그 방 안에서 88퍼센트의 어린이들이 비디오에서 보았던 공격적인 행동을 그대로 따라하는 것을 목격할 수 있었다. 8개월이 지난 후 똑같은 어린이들을 대상으로 다시 실험을 해보았더니 40퍼센트의 어린이들이 여전히 그 장면을 기억하고 그와 같은 공격과 폭력 행동을 반복했다. 반두라에 따르면 아이들이 보았던 공격 행동이 두뇌에 코드화되어 저장되어 있었기 때문에 이런 일이 발생한 것이다.

반두라는 실험을 바탕으로 아이들의 모방 행동에 텔레비전이 이처럼 극대한 영향을 끼친다는 것을 증명해 보였다. 요즘 텔레비전과 영화에서는 너무 많은 폭력 장면이 나온다. 그렇기 때문에 텔레비전을 장시간 보는 아이들은 그렇지 않은 아이들보다 공격 성향이 훨씬 높게 나타난다. 구체적인 예를 들면 폭력물을 시청한 다음, 실제로 폭력 사건과 비슷한 사건들이 1960년대 이후 오늘까지 지속되고 있다는 발표도 있다. 윌리엄 벤슨(William Benson)은 그의 연구를 통해 어린 시절, 지나치게 많은 시간 동안 텔레비전을 시청한 아이들은 어른이 되었을 때 보통 수준의 텔레비전을 시청했던 청소년들보다 49퍼센트 이상 높은 범죄, 강간, 폭행율을 보였다고 주장했다.

앨버트 반두라는 보보 인형 실험 후에 공공 모임과 정치적 행사들을 통하여 폭력이 어린이들에게 공격성을 가르친다고 주장하면서 텔레비전의 부정적 영향력에 대해 연설을 했다. 여러 정치가들도 그의 의견에 동의했고, 그 중 한 사람인 클린턴 전 대통령도 텔레비전에서 폭력 방지를 위한 정책을 실시했다. 몇 가지 반대 의견을 주장하는 학자들이 있음에도 불구하고 공격적 성향과 범죄 행동이 텔레비전의 모방을 통해서 습득된다는 반두라의 모방학습 이론은 여전히 중요한 이론으로 자리매김을 하고 있다.

공격성을 조절할 수 있도록 자녀들을 돕기 위해 가족들이나 대중매체가 긍정적인 역할 모델을 보여주어야 한다. 가족 안에서 행해지는 폭력은 텔레비전보다 더 큰 영향을 미친다는 사실에 대해서는 더 이상 강조하지 않겠다. 폭력이 폭력을 불러온다. 폭력 행동을 보고 배우는 아이들을 위해 텔레비전 시청 시간을 줄이고, 유익한 프로그램의 여부를 확인하고 선택적으로 시청하는 습관을 어린 시절부터 길러주어야 할 것이다.

부모가 보이는 모범의 한계와 꿈

서방 교회의 4대 교부 중 한 사람인 성 아우구스티누스 연구의 대가 아고스티노 트라페는 아우구스티누스의 저서들을 바탕으로 『내 어머니, 모니카』라는 책을 편찬했다. 트라페는 "정결하고 절제를 알며, 베푸는 일에 부지런하고 교회에 순종하며, 성도들에게 헌신했다"는 아우구스티누스의 말을 인용하면서 "아우구스티누스의 삶에 지대한 영향을 주었던 어머니 모니카의 양육은 말보다는 삶으로 보여준 모범이 결정적 동력이었다. 모니카의 삶에는 순결한 신앙심과 경건이 깊이 배어 있었다"고 술회했다. 그는 또한 "모범은 인생에서 가장 좋은 학교다. 삶의 모범으로 가르치는 양육은 자녀의 가슴에 분명 지워지지 않는 흔적을 남긴다. 그렇기에 아우구스티누스는 심지어 그릇된 길로 나아갔을 때조차 늘 어머니 모니카의 아들로서 진리를 사랑하고 열정을 다해 그리스도를 따르는 사람으로 남으려고 애썼던 것이다." 지워지지 않는 흔적을 남기는 것, 이것이 바로 삶에서 보여주는 모범의 영향력이다.

이 말은 우리에게 크나큰 도전과 위로를 동시에 전해준다. 부모인 우리가 말과 행실이 일치하지 않는 삶을 살고 있고, 자녀에게 하는 설교나 충고의 내용과 다른 신앙생활을 하고 있다면 자녀 교육을 위해서 가치관을 제대로 정립하고 살기로 재결단하고 그렇게 살아야 한다. 반면에 부모가 삶과 신앙에 아름다운 모습을 자녀에게 보여주고 있는데도 불구하고 자녀가 잘못된 길로 가고 있다면 아우구스티누스처럼 언젠가는 돌아오리라는 희망과 위로를 받을 수 있을 것이다.

모델링에 대한 강의를 하고 나면 부모들이 이구동성으로 모범을 통한 교육이 이렇게 중요한지 몰랐다고 고백한다. 결국 내가 보여준 대로 아이가 행한다고 생각하니 너무 스트레스가 된다고 이야기를 한다. 한계를 가진 연약한 부모, 완벽하지 못하고 온전히 성숙하지도 못한 내가 과연 좋은 부모가 될 수 있을 것인지 자신이 없다고 토로한다. 그들의 말에 나도 전적으로 동감한다. 나도 연약한 인간이니까. 너무 힘들 때면 내가 아이들에게 이런 말을 한다. "난 엄마 노릇 하는 게 너무 힘들어."

그러나 그런 우리에게 소망은 여전히 있다. 우리가 한계를 지닌 부족한 부모임을 다 알고 계시면서도 하나님께서 우리에게 자녀를 맡기신 데에는 이유가 있다는 것을 알기 때문이다. 우리가 할 수 있는 최선을 다하고, 내가 할 수 없는 부분과 부족한 부분은 하나님께서 일하시도록 그분을 자녀 양육의 현장에 초대하는 것이다. 그분의 지혜를 구하고 도움을 받아서 나의 연약과 부족을 메우는 것이다. 만약 우리가 완벽한 부모라면 하나님의 도움이 자녀 양육에 왜 필요하겠는가?

'나는 우리 아빠처럼 되고 싶다. 나는 우리 엄마처럼 되고 싶다'라는 고백을 자녀로부터 들을 수 있다면 이것이 바로 최고로 성공한 삶이 아닐까? 학력과 경력, 재력과 사회적 지위에 상관없이 가장 위대한 인생을 산 것 아닐까? 내 삶을 바라보며 내 자녀들은 나를 어떻게 평가해 줄까? 이 질문을 우리 가슴에 담고 살자.

부모의 권위는 강압적인 명령에서 나오는 것이 아니다. 매나 벌로부터 오는 것도 아니다. 부모의 권위는 말한 대로 행동하고 말한 대로 살아가는 삶의 모범을 통해 온다. 자녀에게 감히 이런 말을 할 수 있을까?

"애들아. 나처럼 인생을 살렴. 나처럼 신앙생활을 하렴."

엄청난 도전이다.

자녀 양육
8
원칙

즐거운 가족시간을 통해
천국을 경험케 하라

울타리는 외부세력으로부터 우리 집을 보호해 준다. 울타리는 가정의 안전을 위해 존재하는 안전망이
자 가족을 보호하는 보호막이다. 가족과 자녀들의 영혼을 빼앗아 가려는 세상의 온갖 유혹과 죄와 사
탄의 세력으로부터 보호해 준다.

가정은 울타리 안에서 하나님의 은혜와 사랑을 경험하고 그 경험을 함께 나누는 실천의 장이다. 이런
은혜의 울타리가 우리 가족을 두르고 있다면 이곳이 바로 천국이다. 가정은 하나님이 미리 맛보게 하
신 이 땅에서의 천국이다. 자녀는 가족과 함께 시간을 보내며 가정에 대한 강한 소속감을 갖게 된다.
가족시간을 통해 가족은 서로의 사랑을 확인하며, 가족이 현재 당면하고 있는 문제들을 나누면서 서로
를 더 잘 이해하게 된다. 가족의 가치관과 방향을 자녀에게 가르쳐주고 자신이 속한 가정에 대한 자랑
스러움과 함께 좋은 가정의 일원이라는 강한 소속감을 안겨준다. 우리는 가정을 어떻게 하면 은혜의
울타리로 두를 수 있을까에 대한 질문을 염두에 두고, 전반부에서는 가정예배의 중요성과 가정예배의
지침에 대해서, 후반부에서는 주간 가족회의의 구성 요소와 유익 그리고 효과적인 인도법과 활용 방안
을 생각해 보자.

부모들이 갈라서는 가정 해체의 희생물로 그 아픔과 상처를 고스란히 경험했던 어린아이들이 성장하여 이제는 어엿한 30대 성인기에 접어들었다. 그들은 이제 막 결혼을 하고 어린 자녀를 갖기 시작한 젊은 부모들이다. 그들이 생각하는 신앙과 가정관, 일터와 돈, 그들이 사용하는 커뮤니케이션 방법 등과 같은 다양한 주제들을 중심으로 쓰여진 책『밀레니엄 세대(*The Millenials*)』가 2011년 1월에 출판되었다.

이 책의 저자는 라이프웨이 크리스천 리서치의 대표인 톰과 그의 아들 제스 레이너(Thom and Jess W. Rainer) 부자로, 그들은 1,200명의 밀레니엄 세대들을 대상으로 설문조사를 실시했다. 이 설문조사에 따르면, 밀레니엄 세대(1980년부터 2000년 사이에 출생한 10세에서부터 30세)들은 반기독교적이거나 반종교적인 것은 아니지만, 일반적으로 이전 세대들보다 기독교에 대한 관심이 훨씬 적은 것으로 나타났다. 7천 8백만으로 추산되는 밀레니엄 세대를 대표하는 응답자들 중 66퍼센트는 예배에 '아예 참석하지 않는다'거나 '매우 드물게 참석한다'고 응답했다. 또한 그들은 '영적으로 매우 혼란스러운 세대'인 것으로 드러났다. 밀레니엄 세대들 중 65퍼센트는 그들 스스로 기독교인이라고 말은 하지만 대부분은 신앙의 기본적 교훈을 알지 못하거나 실천하지 않고 있다. 단 26

퍼센트만이 그리스도를 구세주로 믿기 때문에 천국에 갈 것으로 믿는다고 응답했다.

신앙에 대해 무관심한 자세를 보이는 그들은 가정에 대해서는 어떤 생각과 자세를 가지고 있을까? 퓨 리서치센터(Pew Research Center)에서는 2010년 설문조사를 통해 밀레니엄 세대(18~29세)들의 우선순위를 알아보았다. 이 조사에 따르면 52퍼센트의 응답자가 첫 번째 우선순위로 '좋은 부모가 되는 것'을 꼽았고, 두 번째 우선순위로는 '성공적인 결혼생활'(30%), 세 번째 '어려움에 처한 사람 돕기'(20%), 네 번째 '집 장만하기'(20%), 다섯 번째 '신앙생활'(15%)과 '직장에서 높은 보수 받기'(15%) 등으로 우선순위를 매겼다. 여기서 주목할 만한 사실은 첫 번째와 두 번째 우선순위가 모두 가정생활과 연관된 항목이라는 점이다. 그들이 이같은 우선순위를 갖게 된 동기는 이혼한 부모 밑에서 불행한 삶을 살았던 자신의 고통스런 경험을 자녀로 하여금 더 이상 겪게 하고 싶지 않다는 바람에서 비롯되었다.

레이너 부자에 따르면 86퍼센트의 응답자들이 '결혼은 한 번만 하든지 아니면 하지 않겠다'고 답하였다. 또한 그들은 그저 부모 세대보다 결혼에 대해서 훨씬 더 심각하게 생각하고 있는데, '그냥 잘 되겠지라는 막연한 생각으로 결혼하지는 않을 것'이라고 답했다. 그들은 가족의 소중함을 그 어느 세대보다 더 뼈저리게 느낀 세대이기 때문에 가족 해체 추세를 역전시키고 전통적인 가족관을 회복하는 일에 노력을 다할 세대들이 되었다. 참으로 소망적인 일이 아닐 수 없다.

나는 위의 통계 자료나 연구조사가 비단 미국 사회의 밀레니엄 세대에만 적용된다고 생각하지 않는다. 미국에서 살고 있는 한인 이민 2세 가정의 부모와 자녀들도 이와 비슷한 현상을 보이고 있다. 이곳에서 성장한 이민 1.5세나 2세 젊은 부모들과의 만남과 상담을 통해 이 사실을 자주 확인하고 있기 때문이다. 한 걸음 더 나아가서 글로벌 시대를 살고 있는 한국의 젊은이들과 젊은 부모들에게서도 정도의 차이는 있겠지만 거의 비슷하게 나타나는 현상이라고 생각한다.

나는 부모 세대의 잘못된 신앙 교육 때문에 '자녀에게 절대 신앙을 강요하지 않기로 결심했다'고 이야기하는 사람들을 많이 만나왔다. 그들은 어린 시절 경건한 부모 밑에서 매일 가정예배를 드렸던 경험을 가지고 있는데, 그런 그들이 자신의 자녀들과는 가정예배를 드리지 않겠다는 것이다. 그 이유를 묻는 내게 그들은 이런 답을 했다. "가정예배 시간이 얼마나 지루했는지 몰라요. 긴 기도에 이해 안 되는 찬송을 불러야 했고, 어려운 성경 구절을 읽고 외우면서 설교 말씀을 들었지요. 몸을 움직이거나 졸려 하품이라도 하게 되면 예배 시간에 자세가 그게 뭐냐고 야단을 맞곤 했지요. 심하면 매나 벌을 받기도 했는데 그래서인지 예배 시간이 고문받는 시간처럼 느껴졌어요. 그럴 때면 전 생각을 했지요. 난 결혼해서 부모가 되면 이같은 가정예배는 절대 드리지 않겠다고 요." 그들의 말을 충분히 이해할 수 있었기에 나는 씁쓸한 마음을 감출 길이 없었다. 가정예배의 중요성만 알았지 가정예배를 효과적으로 인도하는 법을 전혀 몰랐던 부모 때문에 자녀들은 가정예배에 관한 좋은 기억을 갖지 못한다. 아니 너무나 부정적인 기억 때문에 그들은 가정예배가 주는 유익조차 부인하게 된다. 그렇다면 자녀들이 좋아하는 가정예배는 어떻게 드릴 수 있을까?

자녀를 위한 가정예배

가정예배 인도의 원칙

• 부모 중심이 아닌 자녀 중심의 가정예배가 되게 하라

부모 중심의 예배란 가정예배의 수준을 부모에게 맞추는 것을 말한다. 부모가 사용하는 성경, 부모가 즐겨 부르는 찬송, 부모가 좋아하는 성경 구절 등을 사용하며 긴 기도와 긴 설교 등으로 이어지는 예배다. 또한 부모 중심의 예배는 예배의 형식과 경건의 모양을 강조한다. 그러나 자녀 중심의 예배는 자녀의 눈높이에 맞추는 예배를 말한다. 자녀의 나이와 집중력을 고려하여 예배 시간을 길지 않게 한다. 자녀 중심의 예배를 위해서는 자녀의 수준에 맞는 성경을 사용하고 자녀가 좋아하는 찬송을 골라서 부른다.

그래서 우리 집 가정예배 시간에는 식구마다 다른 성경책을 사용한다. 어른들은 일반 성경책을 갖고 예배를 드리지만 아이들이 어릴 때는 어린이 성경책을 사용했고, 청소년이 되어서는 그들에게 맞는 위한 성경책을 사용했다. 찬송가는 영어 가사가 포함된 찬송가나 복음성가를 주로 부른다. 어른들이 한글 찬송을 부를 때 아이들이 어렵다고 생각되면 자신들이 쉽게 이해할 수 있는 영어 찬송을 부르도록 허용했다.

• 형식과 자세보다는 내용과 과정에 초점을 맞추라

가정예배 시간에 똑바로 앉아 예배드리지 않는다고 매를 맞아 다던 형제의 이야기가 생각이 난다. 예배의 형식과 자세를 중요시하게 생각하는 부모들은 자녀들에게 경건한 자세를 갖추지 않고 예배드리는 것을 보면 그냥 지나치지 않는다. "허리 똑바로 펴라. 앉은 자세가 그게 뭐야? 발 움직이지 말고 얌전히 앉아 있어라."

어른들은 한 시간이라도 경건한 자세를 취할 수 있지만 어린아이들은 10분, 20분을 얌전히 앉아 있기가 쉽지 않다. 그래서 예배의 의미를 충분히 알지 못하는 아이들에게는 자세나 형식보다 예배가 무엇인지를 가르치는 것이 더 중요하다. 형식이나 자세에 얽매이다 보면 예배를 제대로 드릴 수 없기 때문이다. 바른 자세를 하라고 이야기를 하는데도 자녀가 말을 듣지 않으면 부모는 화를 낸다. 화가 난 부모에게 꾸중을 들으면 자녀도 기분이 상해 뾰로통해진 얼굴을 한다. 자녀의 그런 모습을 보니 예배드릴 마음이 싹 가신다. '이렇게 할 거면 차라리 집어치우자'며 예배를 중단했다는 가정의 이야기도 들었다.

가정예배에 성공하기 위해 부모가 꼭 기억해야 할 것이 있다. 가정예배가 오랜 시간에 걸쳐 이루어지는 신앙 훈련이기 때문에 시간이 필요하고, 따라서 부모의 인내가 필요하다는 사실이다. 가정예배가 자연스럽고 즐거우며 자녀들이 기다리는 가족 활동이 되기도 전에 자녀들의 자세와 태도를 고쳐주려는 일에 초점을 맞추다보면 부모와 자녀 모두에게 불만스러운 결과가 초래되기 쉽다. 처음부터 완벽한 예배를 드리겠다는 기대를 갖고 시작하면 실망할 수밖에 없다. 처음 단계는 자녀들과 가정예배를 시작했다는 것만으로도 성공한 것이요 축하할 일이다. 시간이 지나면서 서툴던 자녀들이 조금씩 가정예배에 익숙해지고 가정예배에 대한 좋은 경험이 쌓여가면 또 한 단계 도약한 것으로 보면 된다. 이처럼 여러 과정을 통해 가정예배가 발전해간다는 것을 염두에 두고 가정예배를 지속시켜 나가면 부모와 자녀 모두에게 신앙 성장을 위한 소중한 시간이 될 것이다.

• 자녀들이 예배에 적극적으로 참여하도록 하라

자녀에게 좋아하는 찬송을 직접 고르게 하고, 순서에 따라 자녀들도 기도를 하도록 한다. 그럴 수 있는 나이가 되었다고 생각하면 예배의 사회자가 되어 가정예배를 인도하도록 한다. 물론 너무 어린아이들은 이런 일을 할 수 없기 때문에 부모가 주로 인도를 하게 되겠지만 말이다. 메시지를 전하는 것까지도 자녀들이 가능하다. 메시지 전하는 것을 교회 목사님 수준 정도로 생각하면 부모도 부담스럽고 자녀들도 그 일을 해낼 수 없겠지만 가정예배를 나눔 중심으로 생각하면 얼마든지 가능한 일이다. 메시지 전하는 것도 처음에는 부모를 따라 배우도록 하고, 어느 정도 시간이 지나면 그 일을 자녀에게 맡겨본다. 그렇게 되면 그들도 할 수 있는지, 아니면 더 시간을 두고 기다려야 하는지를 알게 된다.

우리 집엔 가정예배와 관련된 잊을 수 없는 추억들이 많이 있다. 아이들이 기어다니는 때부터 가정예배를 드렸었는데 말을 시작할 때부터 아이들이 예배 인도에 참여하도록 했다. 찬송을 고르기는 물론이고 기도도 돌아가며 했다. 다섯 살이 되면서부터는 메시지를 전하도록 했다. 그동안 식구들이 하는 것을 수없이 보아왔으니까 가능하다고 생각하며 다섯 살 난 재인에게 메시지를 전하도록 부탁을 했다. 그 말을 들고난 날부터 재인이는 메시지 전할 준비를 시작했다. 그동안 아빠와 엄마 그리고 오빠가 하던 것을 많이 보아왔기 때문에 본 대로 그림을 그리고 오려서 보드에 붙였다 떼었다를 수없이 반복했다. 일주일 동안의 준비가 끝나고 드디어 가정예배 시간이 왔다. 재인이 메시지를 전할 차례가 된 것이다. 가족들 앞에 나간 재인이가 몸을 비비 꼬기 시작했다. 재인이에겐 난생 처음 리더가 되는 떨리는 순간이었다. 가족들의 시선이 자신에게 집중되는 숨막히는 순간이었다. 그날의 메시지 제목은 생각나지 않지만 한 마디 할 때마다 큰 숨을 내쉬면서 '음~ 음~'을 해대던 재인이의 모습이 아직도 선명하다. 적당한 단어가 생각나지 않을 때마다 '음~ 음~'을 되풀이했다. 재인이는 메시지를 전하는 동안 '음~ 음~'이란 말을 더 많이 했다. 끝까지 포기하지 않고 마친 재인이에게 온 가족이 열띤 박수를 보내주었다. 끌어안고 잘했다고 칭찬을 해주었다. 그동안 재인이가 힘들게 말을 이어가는 것을 안타깝게 지켜보시던 어머니께서 나를 부르셨다. "아이 데리고 도대체 뭐하는 짓이야. 이게 예배도 아니고 재롱 잔치도 아니고. 은혜가 되어야 예배 드릴 맛이 나지. 어린 것이 힘들어하는 것 애처로워 못 보겠네. 원." 화가 나신 것이다. 내가 어머니께 간곡히 말씀드렸다. "엄마, 우리 집 가정예배가 엄마 마음에 안 든다는 것 잘 알고 있어요. 사실 제 마음에도 아직 안 들어요. 그런데 엄마, 가정예배는 어른을 위한 예배가 아니라 아이들을 위한 예배라 생각해요. 어른들 마음에 차지 않더라도 아이들이 좋아하는 예배로 드리고 싶어요. 엄마가 이해해 주시고 조금만 기다려주세요. 준용이도 처음엔 잘 못했지만 지금은 잘하잖아요. 재인이도 오늘이 처음이고 어려서 그렇지, 얼마 안 있으면 잘하게 될 거예요."

그렇게 시작했던 재인이의 메시지가 횟수를 거듭될수록 눈에 띄게 좋아졌다. 자신감이 생기자, '음~ 음~' 하는 소리가 줄어들었다. 그로부터 3년이 지난 어느 날, 재인이가 메시지를 마치고 나자 할머니께서 극찬을 하셨다. "어떤 땐 우리 재인이의 메시지가 제일 은혜스러울 때가 있다"고. 재인이가 초등학교 3학년 되던 해였다. 그 때 준용이는 중학교 3학년이었는데 파워포인트까지 사용해가면서 설교를 할 정도가 되었다.

잘 할 수 있다고 믿어주고 기다려주며, 칭찬과 격려를 아끼지 않았더니 정말 아이들이 가정예배를 주도해 가는 리더의 자리까지 온 것이다. 처음에는 부모가 준비하고, 부모가 인도해야 하기에 부담스럽기도 하지만, 어느 정도 시간이 지나면 아이들이 자기 몫을 하게 되니 얼마나 보람 있는 일인가? 아니 부모보다 더 창조적이며 기발한 아이디어로 가정예배를 풍성케하니 얼마나 생산적인 일인가? 시간을 들여 훈련할 만한 가치 있는 일이 아닌가?

• 결코 가정예배를 포기하지 말라

나는 가정예배에 대해 궁금증을 갖고 내게 질문해 오시는 분들을 가끔 만난다. 그런 분들 가운데는 가정예배의 중요성을 알고 있고, 그동안 가정예배를 드려온 분들이다. 그런데 얼마간 하다가 중지하고, 다시 시작했다 그만둔 일이 많아서 다시 그만두면 어쩌나 걱정이 되기도 하고 아이들에게도 미안해서 가정예배를 다시 드리기가 망설여진다는 것이다. 나에게도 그런 경험이 있다. 일주일에 한 번씩 드리는 예배인데 갑작스레 급한 일이 생겨서 한 달 동안 계속 예배를 못 드리던 때도 있었다. 그럴 때면 아이들에게 이유를 설명하고 양해를 먼저 구해야 했다. 그렇지 않으면 아이들이 실망하게 되고 부모가 가정예배를 소홀히 여기는 인상을 줄 수도 있기 때문이다. 한동안 예배를 못 드리다가 다시 시작해도 괜찮다. 부모가 가정예배를 소중하게 여기고 무슨 일이 있어도 가정예배는 계속하리라는 마음만 갖고 있다면 한두 번 빠진 것은 큰 문제가 되지 않는다. 넘어졌다 다시 일어서는 오뚜기처럼 일어서면 되는 것이다. 다시 시작하면 된다. 포기만 하지 않으면 된다.

가정예배 시간

가정예배는 가족들이 시간이 가능한지

여부에 따라 매일 드려도 좋겠고, 일주일에 두 번 드려도, 혹은 한 번 드려도 무방하다고 생각한다. 요즘처럼 가족 모두가 바쁜 스케줄 속에서 살다보면 일주일에 한 번 예배드리면서 가족시간을 갖기도 쉽지가 않다. 특별히 자녀들이 성장해 감에 따라 학교 공부나 학원 가는 일, 그밖에 과외활동까지 참여하는 경우는 일주일에 한 번 가정예배를 드리기도 힘들 때가 있다. 어쨌든 가정 형편과 가족들의 시간표를 고려하여 모두에게 가장 적당한 횟수와 시간을 정하고, 가능하면 그 시간을 지키도록 한다. 사정이 생겼을 경우는 미리 알려주고 다음 모임은 언제할 것인지도 알려주는 것이 좋다.

가정예배를 위한 준비

가정예배는 부모가 준비하는 기도로부터 시작된다. 특별히 가정예배를 처음 드릴 경우 기도없이는 안 된다. 내가 가정예배를 드리면서 수없이 경험했던 일이다. 가정예배를 싫어하는 세력들의 방해 공작을 피부로 느낄 때가 한두 번이 아니었다. 가정예배 드리려고 하면 이상하게도 급한 일이 생긴다. 일정에 착오가 생긴다. 오지 않던 전화가 그 시간을 기다렸다는 듯 벨을 울려댄다. 아이들이 짜증을 부린다. 부부 간에 작은 일로 말다툼이 일어나 가정예배 드리고 싶은 마음을 앗아간다.

이 외에도 많이 있다. 가정이 함께 모여 드리는 예배를 너무 싫어하는 사탄의 세력이 우리의 마음을 분산시키고 할 수만 있다면 예배를 드리지 못하도록 방해하니 기도없이 되겠는가?

하나님이 기뻐하시는 예배, 하나님의 은혜를 경험하는 예배가 되도록 기도하며, 예배 순서를 맡은 가족들을 위한 기도, 특별히 아이들이 예배 가운데 하나님의 말씀을 잘 이해하고 받아들일 수 있기를 위한 기도, 예배시간에 급한 일 생기지 않도록 기도한다.

아이들의 주의 집중을 위해 가정에서 가장 조용하고 편안한 곳을 정해두고 그 자리에서 예배를 드린다. 미리 정리정돈을 하도록 하고, 텔레비전과 전화는 모두 스위치를 꺼둔다.

가정예배의 요소

가정예배엔 일반 예배와 마찬가지로 시작하는 기도, 찬송 부르기, 말씀 나누기, 감사한 일 돌아가며 나누기, 기도제목 나누기를 하며, 기도제목에 맞춰 기도한 후 마침 기도를 한다. 말씀도 설교 말씀이라고 생각하면 준비하는 사람이 부담스럽기 때문에 '좋아하는 말씀 나누기, 은혜 받은 말씀 나누기'로 하면 부담스럽지 않게 준비할 수 있어서 좋다. 부모가 준비할 때면 주일 예배 시간에, 경건의 시간에 은혜 받은 말씀을 나눌 수도 있고 아이들은 주일 학교에서 배운 성경 말씀이나 설교 말씀을 가정예배 시간에 다시 나눌 수 있다. 이미 배운 말씀을 가정예배 시간에 다시 나눌 경우 아이들에게 큰 유익이 될 수 있다. 자신이 메시지를 전하기 위해 주일설교나 성경공부 시간에 더 집중해서 듣게 되고, 또한 들은 말씀을 자기 말로 이해하여 전하는 동안 자기의 것으로 만들어가기 때문이다.

아이가 어린 경우에는 자녀가 함께 참여할 수 있는 활동이 있는 메시지가 효과적이다. 자녀와 함께 드리는 가정예배 가이드가 있다면 활동 아이디어를 얻을 수 있어서 도움이 된다. 패밀리 터치 홈페이지에는 어린 자녀들과 함께하는 활동 중심적인 가정예배 지침이 제시되어 있다. 자녀가 중고등학생이 되면 자신들이 한 주 동안 읽은 은혜의 말씀을 나눌 수도 있고, 성경을 한 장씩 읽어가며 그 중에서 은혜가 되는 말씀을 서로 나눌 수도 있다.

기도 나눔도 자녀가 어릴 때는 자기 중심적인 기도나 가족 중심적인 기도가 되겠지만, 자녀가 성장해감에 따라 기도가 필요한 교인이나 이웃을 위한 기도, 커뮤니티를 위한 기도, 나라와 세계를 위한 기도로 확장해 가는 게 바람직하다. 선교를 위한 기도도 뺄 수 없는 기도제목이다.

가정예배가 끝나고 나면 잠깐의 휴식과 함께 간식을 나눈다. 이 때는 아이들이 좋아하는 간식으로 미리 준비하는 것이 좋다. 혹시 건강에 좋지 않다고 평상시 먹이지 않는 음식이라 할지라도 이 시간만큼은 괜찮다고 생각한다. 자신이 좋아하는 간식을 먹는다는 것만으로도 기다려지는 시간이 될 테니까 말이다. 간식이 끝나면 2부 순서로 '주간가족회의'를 시작한다.

주간 가족 모임: 가족임을 확인하는 시간

딕시 크레이즈(Dixie R. Crase)는 주간 가족 모임이란 가족 공동의 목표나 계획을 가지고 즐겁고 보람 있는 일을 하기 위해 함께 모이는 시간이라고 정의했다. 그는 『은혜를 통한 자녀 양육』을 통해 주간 가족 모임에서 '한 주간을 돌아보며 평가하는 일, 잘한 일들을 축하해 주는 일, 마음껏 웃고 즐기는 가족 오락, 다음 주간에 있을 일을 미리 예측하고 준비하는 일'들을 하라고 조언한다.

주간 가족 모임에 무엇을 할까?

• 평가
지난 한 주를 돌아보며 평가하는 시간이다. 잘한 일이나 감사한 일 등을 돌아가며 이야기한다. 이때 평가를 긍정적으로 시작하는 것이 중요하다. 본인 스스로 잘한 일과 감사한 일을 나누는 것이지만 가족들이 서로에게 칭찬과 감사를 전할 수 있는 시간이다.

긍정적인 평가를 하고 나면 개선이 필요한 점들을 솔직하게 이야기한다. 잘못한 점들을 돌아보며 앞으로 어떻게 하는 것이 좋을지를 생각해 보는 것은 자기 발전을 위해 꼭 필요한 작업이다. 이때 잘못한 일이나 개선이 필요한 점은 본인 스스로 말할 수 있어야 한다. 가족들이 서로 잘못한 것들을 기억했다가 고해 바치고 비난하는 자리가 되어서는 안 된다. 혹시 어린 자녀가 기억을 하지 못하는데 부모가 교정해 주고 싶은 행동이 있다면 자녀의 허락을 받아 부모가 이야기해 줄 수는 있다. 개선이 필요한 점을 이야기할 때는 부모가 먼저 솔선수범하는 자세가 중요하다. 그리고 부모 스스로 잘못한 것들에 대해서 이야기하지 않고 자녀들에게만 이야기하도록 강요하는 것은 바람직하지 않다.

만약 식구들 중 누군가에게 잘못해서 마음을 상하게 한 일이 있다면 이 시간을 통해 사과하고 용서를 비는 자리가 되면 놀라운 회복과 화해의 시간이 된다.

• 축하

여기서 말하는 축하란 특별한 날, 즉 생일이나 결혼 기념일, 졸업식, 어머니 날이나 아버지 날과 같은 정말 특별한 날에만 하는 축하의 개념이 아니다. 매주 축하할 거리를 찾아서 축하해 주라는 것이다. 어떻게 그 일이 가능할까? 새로운 시도나 작은 진보, 크고 작은 성취 등 무엇이든 축하할 거리를 찾아보면 가족 중 한두 사람을 축하해 줄 수 있다. 작가인 제인 그로스맨(Jane Grossman)은 『가족과의 생활(*Living with Family*)』에서 이렇게 말한다. "잘했을 때 축하해 주는 것은 아주 중요하다. 우리는 아들이나 딸이 이전에는 잘 못하던 어려운 일에서 진보를 보일 때나 맡은 일을 잘 해냈을 때 부모가 그것을 기뻐하며 흡족해한다는 사실을 어떤 방식으로든 표현해 주어야 한다." 이해가 되는가? 이것이 바로 축하할 거리가 되는 것이다.

우리 집 주간 가족 모임에서는 아이들에게 책 읽기를 권장하기 위해 의도적으로 새로운 책을 다 읽었을 때, 그리고 페이지 수가 더 많은 책 읽기를 시도할 때마다 빠짐없이 축하를 해주었다. 일주일 동안 자기 할 일을 혼자서 잘했을 때, 새로운 일을 처음 시작했을 때, 한 단계 발전할 때 등 격려해 주고 싶은 일이면 무엇이든 이름을 붙여가며 축하를 해주었다. 어떤 때는 두 아이 모두를 축하해 주고, 이번엔 큰 아이, 다음엔 둘째 아이를 번갈아가며 축하해 주었다. 엄마 아빠도 축하의 대상에 넣었다.

아이들은 축하받는 일을 정말 좋아한다. 생일 때마다 촛불 끄기를 얼마나 좋아하는지…. 그런데 상상해 보라. 일주일에 한 번씩, 혹은 이 주일에 한 번씩 잘했다고 박수를 받으며 촛불을 끌 기회가 주어진다면 그보다 더 즐거운 시간이 어디 있겠는가.

축하할 때 언제나 케익이 필요한 건 아니다. 그런데 초는 마련해 두는 것이 좋다. 케익 대신 초가 들어가거나 세워질 수 있는 것이면 무엇이나 다 좋다. 작은 컵케이크도 괜찮다. 집에 있는 간식들을 사용해서 초를 꽂으면 된다. 큰 초를 가운데 세우고 주위에 칩을 두르거나 고구마를 익힌 후에 초를 꽂아도 된다. 창조적인 아이디어로 가족 식구들을 얼마든지 기쁘게 할 수 있다.

자녀의 성장을 돕는 가족 분위기는 경기장의 분위기와 흡사하다고 생각한다. 그런데 경기장에는 운동선수만 있지 않고 응원하는 응원단이나 관객도 있다. 부모는 코치이자 응원단이고 자녀들은 운동선수이다. 만약 선수들에게 코치가 없다거나 응원하는 관객이 없다면 어떻게 될까? 선수들이 마음껏 자기의 기량을 발휘할 때마다 박수를 쳐주며 열광하는 팬들이 없다면 어떻게 될까? 팬이 없는 선수는 불행하다. 팬이 없는 선수는 최선의 결과를 가져오기 힘들 것이고 언젠가 경기장을 박차고 뛰쳐나갈 것이다.

축하하는 시간은 축하받을 사람을 중심에 두고 잘했다고 칭찬하고 박수하며 더 잘하라고 격려하는 시간이다. 이때 축하하는 일과 함께 이 일을 가능케 도와주신 하나님께 감사하는 시간을 갖는다면 이중 효과를 거둘 수 있다. 도우시는 하나님을 나의 성취와 연결시키는 신앙 교육도 함께 시킬 수 있기 때문이다.

• 가족 오락

부모와 자녀들이 함께 즐기는 가족 오락은 한 주 동안 쌓인 스트레스와 긴장을 날려 버리고 마음껏 웃고 즐길 수 있는 시간이다. 자녀들 수준에 맞는 보드 게임이나 컴퓨터 게임, 블럭 쌓기, 스포츠, 낱말 이어가기, 수수께끼나 넌센스 게임, 유머 나누기, 윷놀이 등 건전한 모든 놀이를 통해 가족이 함께 협력하고 즐거워하는 시간이다. 팀을 나눠 게임을 하면 분위기가 한층 더 고조된다. 엄마 아빠 편과 아이들 편, 혹은 여자편, 남자편 등으로 나눠 게임을 하다가 게임에 진 팀이 이긴 팀이 시킨 대로 벌칙을 받도록 하면 기막히게 재미난 장면들이 연출되기 때문에 계속 나오는 웃음을 주체할 수 없는 경우도 허다하다.

• 예측과 준비

온 가족이 다음 주에 있을 일들에 대해 미리 생각해 보는 시간이다. 가족들의 한 주간 일정을 정리해 보고, 일정상 조정해야 할 일은 없는지도 살펴본다. 또한 가족의 도움이 필요한 일은 없는지 물어보고, 있다면 이때 상의하도록 한다. 손님이 오신다거나 특별

행사나 활동이 있을 경우 미리 계획하고 준비한다.

이와 같은 일들을 논의하고 준비하는 과정을 통해 자녀는 가정에서 무슨 일이 일어나는지, 가족의 필요가 무엇인지를 정확히 알게 된다. 무엇보다 이를 통해 가족이 나아가는 방향과 행복한 가족의 일원됨을 확인하며 성장해 간다.

주간 가족 모임의 유익

관심 있는 활동이나 프로그램을 통해 구체적으로 어떤 유익을 얻을 수 있는가를 확실히 알게 되면, 그 일을 하고 싶은 욕구가 생기며 강한 동기부여가 된다. 주간 가족 모임을 통해 얻을 수 있는 유익은 무엇인가? 이 모임은 자녀와 부모 모두에게 유익을 주는데 먼저 자녀가 얻게 되는 유익과 혜택에 대해 알아보자.

• 자녀에게 주어지는 유익

자긍심을 키워간다 | 우리의 자녀들은 잘한 일로 인해 인정받고 칭찬 받으면서 자긍심을 키워가고, 행복한 가족의 일원이라는 사실을 통해 소속감을 발전시켜 나간다. 또한 자신도 가족에게 없어서는 안 될 중요한 존재요, 가족들에게 도움을 줄 수 있는 가치있

는 존재라는 사실을 확인한다. 가족이 함께 예배하고, 보람 있는 시간을 보내는 것을 통해 가족의 소중함과 가치를 배울 수 있다.

흥미와 능력, 재능을 발견하고 이를 지속적으로 발전시켜가도록 격려를 받는다 | 자신의 능력과 재능에 대해 긍정적인 평가를 받으며 축하 받는 시간을 통해, 그 일을 지속적으로 할 수 있는 힘과 동기부여를 받게 된다. 이것이 축하해 주어야 할 이유이다.

감정을 서로 나누며 이해한다 | 힘들고 어려운 일, 기쁘고 즐거운 일, 슬프고 아픈 경험을 이야기하면서 가족들 상호 간에 감정을 나누고 이해하므로 공감하는 능력을 키워 나간다.

관계 맺는 법을 배운다 | 가정예배와 주간 가족 모임을 하면서 서로 칭찬하고 격려하며 의견을 서로 나누고 존중해 줌으로 가족들과 관계 맺는 법을 배워간다. 자신의 생각을 표현하고, 다른 사람의 말에 경청하는 법을 배운다. 가족 오락과 게임, 스포츠와 놀이를 통해 협력과 선의의 경쟁을 배우며 가족 간에 사랑의 관계를 맺는 법에 대해 배운다. 가족들과 좋은 관계 맺는 법을 배우면 다른 사람들과도 원만한 인간 관계를 가질 수 있다.

• 부모에게 주어지는 유익

가정예배와 주간 가족 모임을 통해 부모는 이 책 전체에서 배운 자녀 양육의 원칙과 방법을 실천하게 된다. 가족시간을 가지므로 부모는 올바른 자녀 양육 스타일 정립을 위해 필요한 원칙들을 실천해 나가고, 자긍심을 키워주는 일, 사랑하고 인정하는 일, 효과적으로 훈련하는 일, 훈련을 통해 좋은 습관 기르는 일, 부적절한 행동을 교정하는 일, 솔선하여 모범을 보이고, 이를 총체적으로 실천할 수 있는 교육의 현장을 만들 수 있다.

주간 가족 모임의 지침

아래와 같은 지침에 따라 주간 가족 모임을 인도하면 큰 무리없이 진행될 수 있다.

- 짧고 간단한 활동을 계획하라.
- 자녀에게 적절한 시간을 확보하라.
- 모든 가족이 참석해야 함을 알려라.
- 맛있는 간식을 준비하라.
- 가족 시간에 할 일을 미리 분담해 주라.
- 서로 비난이나 비교하지 않기로 약속하라.
- 부모의 틀에 자녀를 끼워 맞추지 말라.

우리 모두는 가족이라는 관계 속에서 태어나고 그 속에서 살다가 죽음을 맞는다. 가족은 사랑을 함께 나누며, 함께 기뻐하고 함께 슬퍼하는 나눔 공동체다. 그러므로 가족 중 한 사람이 고난을 당하면 그 고난은 가족 전체의 고난이 된다. 병든 가족이 있으면 한 사람의 질병으로 인해 가족 모두가 함께 고통을 당한다. 부모가 고통을 당하면 자녀도 함께 고통을 받는다. 자녀가 고통 가운데 있으면 부모도 함께 진통을 겪는다. 그러므로 고난은 나 혼자의 것이 아니다. 우리 모두의 것이다. 나 혼자 극복해 낼 수 있는 것이 아니고 함께 극복해야 하는 것이다. 가족은 사랑을 위해 부르심을 받았지만 동시에 고난을 위해서도 함께 부르심을 받았다.

많은 경우, 가족 한 사람이 치명적인 질병에 걸리거나 장애를 겪거나 극심한 고난을 겪게 되면, 어려움을 겪는 사람이 그 가정의 중심이 된다. 어려움을 겪는 사람이 관심의 가장 중심부에 있으며, 그 사람의 상태가 곧 가족 모두의 상태가 되기도 한다. 환자가 고통스러워하면 그 고통을 온 가족이 함께 감내해야 하며, 환자가 우울증에 빠져 있으면 온 가족들도 우울해진다. 환자의 감정이 우선이고 환자의 필요가 우선이 되면, 다른 가족들의 필요는 자연스럽게 뒷전으로 넘겨진다. 이러한 경우, 자녀들이 첫 번째 희생양이 된다. 자녀들에게 채워져야 할 필요가 채워지지 못해 결핍증상이 나타난다. 역기능 가정의 증상들이다.

그렇다면 어떻게 고난 가운데 함께 성장할 수 있으며 역기능 가정의 가능성을 최소화시킬 수 있을까? 내 경험으로는 가정예배와 가족시간을 통해서 이 일이 가능하다고 믿는다. 우리 가정은 일주일에 한 번씩 가정예배를 드렸다. 순서에 따라 예배를 드리고 그날의 말씀을 듣고 적용할 것을 찾았다. 나눔의 시간에는 일주일을 돌아보며, 감사한 일, 기쁜 일, 힘들었던 일을 서로 나누었다. 속상하고 화난 일도 나누고 가족으로 인해 마음 상한 일도 나누었다. 서로 잘못한 것들에 대해서는 용서를 구하고 용서를 받았다. 그렇게 하면서 우리는 가족 한 사람 한 사람의 감정을 이해하고 수용하려고 노력했다. 그리고는 각자의 필요를 나누었다.

우리는 함께 예배하고, 함께 말씀을 나누고, 함께 기도하고, 함께 웃고, 함께 울고, 함께 아파했다. 서로 격려하고 용기를 북돋아주고, 서로 감사의 마음을 전했다. 가정예배가 끝나고 나면 2부 순서로 가족 오락 시간을 가졌다. 그 당시에 아이들의 아빠는 근위축증 판정을 받고 몸을 움직이지 못하고 24시간 침대에 누워 있어야 하는 중환자였다. 그런 중환자가 있는 집에서 무슨 가족 오락이냐고 모두들 의아해 할 것이다. 환자의 필요가 단연 1순위가 되어야 하지만 다른 가족의 필요도 중요하다는 사실, 아이들의 필요도 채워져야 한다는 사실, 그들에게 즐겁게 웃을 수 있는 시간도 필요하다는 사실, 아이들이 가정 안에서 관심의 대상이 되어야 한다는 사실을 남편에게 설명하며 아무리 힘들고 어렵더라도, 마음이 내키지 않더라도, 그동안 갖지 못했던 레크리에이션 시간을 전처럼 계속하자고 남편에게 부탁했다. 남편은 아이들 교육에 관한 한 나를 전문가로 인정하고, 전적으로 내 말을 존중해 주었다.

남편의 흔쾌한 동의 하에 남편이 누워 있는 병상에서 우리는 가정예배를 드리고 레크리에이션 시간을 가졌다. 어떤 땐 남편이 침대에 누워 직접 진두 지휘를 하기도 했다. 퀴즈 대회도 하고 숨바꼭질도 했다. 보물 찾기도 하고 풍선 터뜨리기도 했다. 함께 게임을 하면서 우리 모두는 박장대소를 했다. 남편도, 아이들과 나도, 친정 어머니도 배를 움켜잡고 웃었다. 이런 즐거운 시간을 갖는 동안은 우리가 갖고 있는 고난의 문제를 잠시라도 옆으로 밀어둘 수 있어서 좋았다. 실컷 웃고 나면 다음 일주일을 견딜 수 있을 만큼 정말 기분이 좋아졌다. 그래서 나는 고난과 좌절 가운데에서도 웃을 것을 권하고 싶다. 누군가가 이런 말을 했다. "수많은 날들 중에서 가장 무의미한 날은 한 번도 웃지 않은 날이다." 고난 속에서 웃어야 할 이유가 바로 거기에 있다.

함께 예배하며 사랑을 나누는 가정은 나뉘어지지 않는다.

함께 예배하는 가정은 고난도 너끈히 이겨낼 수 있다.

함께 예배하며 기도하는 가정엔 하나님의 은혜의 울타리가 겹겹이 둘려져 있다. 슬픔은 함께 나눌 때 줄어들고, 기쁨은 함께 나눌 때 배가 된다.

: 감사의 글 :

교육학을 공부한 엄마였지만 자녀를 키우는 삶의 현장에서는 여전히 서툴고 경험이 부족한 탓으로 이런 저런 실수와 넘어짐을 반복했다. 그런 과정을 거치면서 책에서 배운 이론을 실제 삶 속에 적용하는 노력을 하게 되었고, 그로 인해 부족한 엄마는 조금씩 성장해 갔다. 자녀를 키우면서 무조건적인 사랑이 무엇인지를 알게 되었고, 훈련에 필요한 인내와 기다림을 배웠으며, 그리고 용서와 회복, 다시 시작함을 주시는 하늘 아버지의 자녀 양육 방법이 무엇인지 깨닫게 되었다.

그런 의미에서 내게 최고의 부모 역할 모델은 하나님 아버지이시다. 아버지로서 그 분은 이 세상에서 나를 가장 아끼고 사랑해 주시는 분이시며 나를 끝까지 믿어주시고, 격려해 주시는 분이다. 내가 좌절과 절망의 늪에 빠져 있을 때면 내 손을 잡아 친히 일으켜 세워 주시고 내가 실수를 저질러 고개를 들지 못할 땐 용서와 함께 다시 시작할 기회를 주셨다. 내가 그 분의 자녀가 된 후 오늘까지 그 아버지의 사랑을 받으면서 나는 그분으로부터 참된 부모의 역할이 무엇인지를 배우게 되었다.

두 번째로 부모됨을 가르쳐 주신 분은 바로 나의 어머니이시다. 어머니의 삶이 어떤 것인지, 자녀를 위한 헌신적인 희생과 사랑이 어떤 것인

246

지 그분은 말보다는 행동으로, 그리고 삶으로 친히 보여 주셨다. 힘겨운 삶의 소용돌이와 갖은 풍파 속에서도 흔들림 없이 우뚝 서 살아오신 어머니는 내가 믿고 의지할 든든한 버팀목이었다. 그 같은 어머니의 강인함을 옆에서 지켜보며 배운 덕분에 나는 삶 속에 찾아오는 크고 작은 어려움을 이겨내고 오뚝이처럼 다시 일어설 수 있었다. 나의 어머니가 그러셨던 것처럼. 내가 유학생활 하며 남편의 병간호하는 동안 엄마의 역할을 제대로 할 수 없을 때, 나와 남편을 위한 뒷바라지로, 손주 키우는 일로 20여년의 세월을 고스란히 바치셨다. 그런 어머니의 사랑과 희생이 없었다면 오늘의 내가 있을 수 없고, 이 책이 나올 수도 없었을 것이다.

마지막으로 부모됨이 어떠해야 함을 끊임없이 가르쳐 준 사람은 내 아들과 딸이다. 태어난 후 지금까지 줄곧 나에게 크고 작은 기쁨과 행복한 순간들을 안겨주는 그들 때문에 내 삶은 늘 풍요로웠고, 아이들 키우느라 쓰러질 듯한 피곤도 너끈히 이겨낼 수 있었다. '자식이 잘되면 내가 잘 된 것보다 더 기쁘다'는 우리 어머니의 말씀이 무슨 뜻인지도 그들을 통해 알게 되었다. 그런 면에서 그들은 하나님이 내게 주신 최고의 축복이자 선물이며 동시에 나를 가르쳐주는 선생임에 틀림없다. 순종 잘 하던 아이가 갑작스레 도전적인 자세를 취할 때나 엄마의 자녀 양육 방법에 가끔씩 반항의 기를 들 때, 나는 그들 속에 비춰진 내 모습을 보게 되었다. 내가 불순종하거나 기대 대신 실망을 안겨드릴 때 애지중지 나를 키운 어머니의 마음이 얼마나 산산조각으로 부서졌을까 이해하게 되었고, 하나님 아버지께 불순종하고 반항할 때, 그 아버지는 어떤 마음으로,

어떤 눈으로 나를 바라보실까 생각하게 되었다. 나는 비로소 '부모가 되고 나서 부모의 마음을 알게' 되었으며 부모가 되고 나서야 비로소 나를 '무조건적으로 사랑하시며 키워주시는 하늘 아버지의 깊고 깊은 마음'을 헤아릴 수 있게 되었다. 자식들을 통해 참으로 부족한 자식인 내 모습을 보게 되었으니 그들은 분명 자녀 양육을 위한 나의 위대한 스승들이다.

이 책이 나올 수 있도록 따뜻한 격려와 지원을 아끼지 않으신 패밀리 터치의 김충정 부원장님과 스태프들에게 말할 수 없는 감사를 드리고 싶다. 아예 마감 날짜까지 정해 주시며 책 쓰기를 강권하셨던 조항석 목사님과 내가 보낸 책 원고를 읽어 보시더니 '아주 잘 썼다'고 칭찬해 주시면서 출판을 주선해 주신 정동섭 교수님께 감사를 드린다. 또한 졸고를 위해 기꺼이 추천사를 써주신 이동원 목사님과 강준민 목사님, 그리고 이희범 목사님께도 깊은 감사를 드리고 싶다. 마지막까지 출산을 앞두고도 개의치 않고 원고를 교정해 준 박성아 자매와 출판을 기쁨으로 허락해 준 카리스 출판사에도 감사를 드린다.

그리고 늘 나의 기도와 기대보다 더 잘 자라주어서 날마다 감사의 제목인 아들 준용과 딸 재인에게도 엄마의 사랑을 전한다. 마지막으로 나의 강의를 통해 변화 받은 경험담을 내게 들려준 수많은 부모들에게도 이 지면을 빌어 감사의 마음을 전하고 싶다.

2011년 10월 **정정숙**

소그룹 스터디 가이드

• **소그룹 인도 지침**

1. 일주일에 한 번씩 총 8회, 2시간에서 2시간 30분 정도 진행한다.
2. 인도자나 그룹 사정에 따라 8회를 모일 경우, 8과까지 마친 후에 수료 파티를 한다. 하지만 8회까지 그룹 모임을 마치고 9회에 소감문 나눔과 수료 파티를 할 경우, 충분한 이야기를 할 수 있어 보다 바람직하다.
3. 모임의 시작은 지난 주 자녀와 있었던 일을 나눔으로 시작한다. 지난 주 배운 것을 실천한 결과나 잘한 일이나 실수한 일들을 나

누며 평가를 한다(20분).

4. 독서그룹으로 모일 경우에는 교재의 내용을 충실히 정리해 가면서 이해한 바를 서로 나눈다.

5. 훈련 받은 강사가 인도할 경우에는 교재를 중심으로 강의식으로 진행한다(1시간).

6. 강의 후에는 워크북을 중심으로 숙제한 것을 서로 나눈다(30분).

7. 실천사항을 결정하고 인도자가 끝마무리를 한다(10분).

8. 다과는 그룹원들이 돌아가면서 준비하고 수업 중간이나 마친 후에 자유롭게 다과를 나누며 교제한다(20분).

• 첫모임

1. 소개하기

1) 자신과 자녀의 나이를 소개해 주세요.

2) 본 교육에 참석하게 된 동기는?

3) 이 과정을 통해 배우기를 원하는 것은 무엇인가요?

4) 그 동안 어떤 원칙을 갖고 자녀교육을 시켰나요?

5) 자녀 양육에 대해 전반적으로 심도 있게 교육을 받아 본 적이 있나요?

6) 그런 수업을 받은 적이 있다면 그 교육과정이 자신에게 어떤 도움을 주었나요?

2. 약속하기

1) 교재 『가정 원칙』은 반드시 예습해 옵니다.

2) 이 세미나는 지적 토론을 하는 자리가 아니라 배운 것을 실천하도록 서로를 격려하는 모임임을 기억하고, 열심히 노력하는 부모들에게 아낌없는 칭찬을 해 줍니다.

3) 공부하는 동안 나눈 이야기는 비밀을 유지하기로 약속합니다.

4) 8주 동안 나 자신과 자녀의 삶과 행동을 들여다보며 변화의 과정을 잘 마치기로 결심합니다.

5) 특별한 일이 아니면 8주 동안 결석이나 지각을 하지 않도록 하고, 이 모임에 우선순위를 둡니다.

6) 배우자와 함께 책을 읽고 배운 점을 나누고, 잘한 점과 개선이 필요한 점을 이야기할 시간을 갖습니다.

7) 배우자 외에 자녀를 돌봐주는 할머니, 할아버지, 친척이나 친구, 또는 자녀의 친구 부모에게 책을 통해 배운 내용이나 자녀 양육 그룹을 통해 변화된 이야기를 나눕니다.

8) 자녀는 하나님이 주신 최상의 선물임을 기억하고 감사합니다.

9) 이 과정을 배운 다음, 다른 부모들을 모아 그룹을 인도할 수 있기를 바랍니다. 다른 사람을 가르치기 위해 이미 배운 원칙들을 복습하고 연습함으로써 마침내 교재의 내용이 내 것이 되기 때문입니다. 결과적으로 가정 원칙에 따라 아이를 잘 기를 수 있게 될 것입니다.

올바른 자녀 양육 스타일로 기초를 놓아라

• 주의사항

평가 설문지를 작성하고 자신의 자녀 양육 스타일을 찾아봅니다. 이 설문조사에는 정답이나 오답이 없습니다. 그리고 점수를 잘 받아야 한다는 스트레스를 받을 필요도 없습니다. 설문조사를 통해 자신의 정확한 자녀 양육 스타일을 아는 것이 목적이기 때문입니다.

• 설문지의 구성

다음 설문지는 크게 두 부분으로 나뉘어 있습니다. 앞부분은 부모로서 어떤 신념을 가지고 자녀를 양육해 왔는지를 묻는 질문들이고, 뒷부분은 자녀를 키우면서 실제 생활 속에서 부딪치는 일에 관해 묻는 질문들입니다. 각 문제를 읽으면서 어느 정도 동의하는지 결정하고 그에 따라 아래의 숫자를 답란에 쓰시면 됩니다.

자녀 양육 스타일 (평가 설문지)

1. 절대 동의하지 않는다 | 2. 동의하지 않는다 | 3. 중간 정도이다 | 4. 동의한다 | 5. 절대 동의한다

(1) 신념

답	번호	문제
	1	엄격한 규칙을 지키는 것으로 인해 가정이 소란스러워지는 것보다 가정의 평화를 유지하는 편이 더 낫다.
	2	자녀들이 계속되는 잘못을 반복하지 못하도록 강한 벌을 줄 필요가 있다.
	3	자녀들이 항상 자신이 원하는 방법만을 고집할 수 없다. 그렇지만 부모들은 그들이 무슨 말을 하든지 귀 기울여야 한다.
	4	자녀와 부모 사이의 관계는 전쟁과 같다. 부모가 이기면 승리하는 것이고 부모가 지면 둘 다 패배하는 것이다.
	5	부모가 좋은 환경을 제공해 주면 자녀들은 제대로 자라게 되어 있다.
	6	부모의 역할은 인생이라고 불리는 최종 시험을 준비시켜 주는 선생의 역할과 비슷하다.
	7	어린 시절은 너무 짧다. 그러므로 자녀들을 즐겁게 해줄 수 있는 일이라면 모두 다 해주어야 한다.
	8	"매를 아끼면 아이를 버린다"라는 말은 최상의 격언이다.
	9	자녀들이 무엇을 해야 하고, 무엇을 하면 안 되는지 알아야 한다. 그러나 가르치기 위해서 꼭 벌을 주어야 하는 것은 아니다.
	10	부모가 원하든, 원하지 않든 자녀들이 마지막 결정권을 가지고 있다(자신이 무엇을 할 것인지에 관하여).
	11	부모가 아이들에게 자유를 주면 아이들은 점차적으로 자신이 행동한 결과를 평가해 봄으로써 무엇이 적절하고 무엇이 부적절한 행동인지 스스로 배우게 된다.
	12	아이들은 어려서부터 부모가 상관(Boss)임을 알아야 한다.
	13	오늘날 많은 자녀들이 순종해야 할 때 순종하지 않고 말대꾸를 너무 많이 한다.
	14	만약 부모들이 존중 받기 원한다면 부모가 자녀들을 먼저 존중해 주어야 한다.
	15	참다운 사랑을 가진 부모는 자녀를 위해 무엇이든 다 해줄 수 있다.

(2) 실제 행동

답	번호	문제
	16	아침에 나는 아이를 몇 번씩 반복해서 깨워야 한다.
	17	내가 지시하지 않으면 거의 모든 일이 제대로 되지 않는다.
	18	내 아이가 부적절한 행동을 했을 때 그는 자신이 받아야 할 벌칙이 무엇인지 거의 알고 있다.
	19	나는 종종 화를 내고 화가 나면 아이에게 소리를 지른다.
	20	나는 가끔 내 아이가 나의 좋은 성품을 악용하는 것을 느낀다.
	21	우리는 집안일을 어떻게 분담할 것인지 서로 의논하고 모두가 각자 할 일이 있다.
	22	내 아이는 평균 한 달에 한 번 이상은 매를 맞는다.
	23	내 아이에게 맡겨진 집안일은 없다. 그러나 가끔씩 도움을 요청하면 집안일을 거들어 준다.
	24	나는 주로 내 아이가 해야 할 일이 무엇인지, 어떻게 할 것인지 분명하게 말해 준다.
	25	내 아이는 편식을 한다. 그래서 충분한 영양 공급을 위해 여러 가지 방법을 동원해 음식을 준비한다.
	26	나는 아이들에게 부정적인 별명을 부르지 않는다. 내 아이가 나에게 그런 별명을 부르는 것도 원치 않는다.
	27	나는 주로 아이에게 선택할 수 있는 기회를 준다. 무엇을 할 것인지 일방적으로 말하기 보다는 두세 가지 중에서 고를 수 있도록 한다.
	28	나는 일주일에 적어도 한 번씩은 벌을 주면서 위협을 해야만 한다.
	29	내 아이는 내가 다른 사람과 대화를 할 때 너무 자주 끼어든다.
	30	내 아이는 아침이면 내가 깨우지 않아도 스스로 일어나 학교 갈 준비를 한다.

(3) 평가 및 채점

아래의 번호에 해당하는 답을 위의 설문지에서 찾아 옮겨 적은 후 답을 모두 더해 총합에
기록합니다.

신념	문항					총합
권위주의적 부모의 신념	2	4	8	12	13	
방임주의적 부모의 신념	1	5	7	11	15	
민주주의적 부모의 신념	3	6	9	10	14	

행동	문항					총합
권위주의적 부모의 행동	17	19	22	24	28	
방임주의적 부모의 행동	16	20	23	25	29	
민주주의적 부모의 행동	18	21	26	27	30	

(4) 자녀 양육 스타일 점수

위의 평가 및 채점란에 기록한 총합 점수를 다시 여기에 옮겨 적습니다. 신념 총합과 행동
총합을 더한 점수를 마지막 전체 총합란에 적습니다.

자녀 양육 스타일	신념 총합	행동 총합	전체 총합 점수
권위주의			
방임주의			
민주주의			

1. 나의 자녀 양육 스타일 찾기

전체 총합 점수 중 제일 높게 나온 점수에서 두 번째로 높은 점수를 뺀 차이가 5점 이상이 나면 제일 높은 점수가 자신의 자녀 양육 스타일이 됩니다. 두 개의 차이가 거의 나지 않거나 세 개가 모두 비슷(1, 2점 차이)하면 혼합주의 스타일입니다. 자신의 스타일을 아래의 괄호 안에 표시합니다.

권위주의 스타일 (　　　)　　　방임주의 스타일 (　　　)
민주주의 스타일 (　　　)　　　혼합주의 스타일 (　　　)

2. 말씀 들여다 보기

『가정 원칙』 36~37페이지에서 "성경이 권하는 스타일은 민주주의 스타일이다"를 읽으면서 어떤 생각을 하게 되었나요? 에베소서 6장 4절과 골로새서 3장 21절 말씀에 대해 어떻게 생각하나요?

_____

_____

_____

3. 자신 들여다 보기

1) 자녀 양육 스타일에 대해 새롭게 깨닫고 배운 것은 무엇인가요?
2) 여러분의 부모는 어떤 스타일로 여러분을 키웠나요? 부모의 양육 스타일이 여러분에게 끼친 영향은 무엇이라고 생각하나요?

(1) 긍정적인영향

_____

(2) 부정적인영향

_____

3) 배우자의 자녀 양육 스타일은 무엇이라고 생각하나요?

_____

_____

4) 혹시 여러분과 여러분의 배우자 사이에 다른 자녀 양육 스타일 때문에 자녀를 키우면서 갈등을 겪지는 않았나요? 있었다면 구체적으로 어떤 갈등이었나요?

_____

_____

4. 자녀 들여다 보기

여러분의 자녀 양육 스타일이 여러분 자녀에게 어떤 영향을 미쳤다고 생각하나요?

(1) 긍정적인영향

_____

(2) 부정적인영향

_____

5. 협상 연습하기

여러분이 최근 자녀와 갈등하고 있는 문제를 아래에 적은 후, 그 문제를 해결하기 위한 협상 방안을 생각해 보세요(『가정 원칙』 34페이지의 "협상할 때 기억할 점" 참조).

---

6. 적용하기

1) 부부가 『가정 원칙』 1과를 함께 읽고 "자녀 양육 스타일"에 대해 이야기를 나누세요. 그 동안의 스타일로 인해 부부 사이에, 그리고 자녀와의 사이에 어떤 갈등이 있었는지 이야기하고 앞으로 어떻게 해야 민주주의 스타일로 자녀를 양육할 수 있을지 구체적으로 실천할 사항들을 이야기해 보세요.

2) 자녀를 크게 분노하게 만든 사건들을 곰곰히 생각해 보세요. 어린 시절에 있었던 일, 초등학교 시절에 일어났던 일, 청소년 시절의 사건 등으로 나누어 그때 자녀를 화나게 하고 상처 준 일들에 대해 자녀와 함께 이야기할 시간을 가지세요. 『가정 원칙』 38페이지의 "자녀의 분노 해결을 위해 용서를 구하려면"을 참고하여 자녀에게 사과하고 용서를 구하세요. 자녀가 여럿인 경우 각각 따로 시간을 내어 이 과정을 진행하세요. 그리고 자녀의 반응이 어떠했는지 다음 시간에 이야기를 나누어 보세요.

| 제 2원칙 |

건강한 자긍심으로 세상을 보게 하라

1. 말씀 들여다 보기

1) 시편 8편 4~8절과 139편 13~16절 말씀을 읽어 보세요.

2) 윗 구절들의 의미는 무엇일까요?

_____

_____

3) 이 말씀을 읽으면서 어떤 생각을 하게 되었나요? 어떤 기분이 드
  나요?

_____

_____

2. 자신 들여다 보기

1) 지금까지 여러분은 자기 자신을 이처럼 소중한 존재로 여기며 살
  아오셨나요?

_____

2) 여러분 자신의 자긍심을 평가해 본다면 과연 어느 정도일까요?

   (1) 높은 자긍심(자만심)   (   )

   (2) 건강한 자긍심   (   )

   (3) 낮은 자긍심   (   )

3) 왜 그렇게 생각하나요?

_____

4) 배우자의 자긍심을 평가해 본다면 어느 정도인가요?

_____

5) 왜 그렇게 생각하나요?

_____

6) 여러분의 자긍심 형성에 있어서 부모의 영향력은 어느 정도였다
   고 생각하나요? 부모 다음으로 자긍심 형성에 영향을 미친 사람
   은 누구였나요? 어떤 방식으로 영향을 미쳤나요?

_____

_____

3. 자녀 들여다 보기

1) 자녀의 자긍심을 평가해 본다면 어떠할까요?

(1) 높은 자긍심(자만심)　　　　(　　　　　　)

(2) 건강한 자긍심　　　　　　　(　　　　　　)

(3) 낮은 자긍심　　　　　　　　(　　　　　　)

2) 왜 그렇게 생각하나요?

_____

3)『가정 원칙』 48페이지에서 부모는 자녀의 자긍심 형성에 있어서
'거울 역할을 한다'고 했습니다. 여러분은 그동안 자녀에게 온전
한 거울을 더 많이 보여주었나요? 아니면 깨어진 거울을 더 많이
보여 주었나요?

_____

_____

4) 자긍심의 견지에서 여러분 자녀에게 나타나는 구체적인 특성은
어떤 것들인가요?

(1) 긍정적인 특성:

_____

(2) 부정적인 특성:

_____

4. 깨달음

이 과를 공부하면서 새롭게 깨닫거나 배운 점을 나누어 보세요.

5. 적용하기

1) 자신과 배우자 그리고 자녀들의 자긍심 회복과 향상을 위해 다음 사항들을 실천하세요.

(1) 부모가 어린 시절부터 자신에게 보여준 거울, 즉 열등감을 형성케한 거울을 제거하세요.

(2) 하나님의 거울로 자신과 가족을 바라보세요. 자신에 관한 부정적인 느낌과 생각이 들 때마다 그 느낌과 생각들을 하나님이 자신을 어떻게 보시는지에 관해 묵상하며 부정적인 느낌과 생각들을 하나님의 것으로 대체하세요.

(3) 의미와 보람을 느끼는 일이나 자신이 잘할 수 있는 일을 시작하세요.

(4) 자신을 지지해 주는 그룹이나 사람들을 만나서 그들과 함께 활동하세요.

(5) 가족들에게 자신의 자긍심에 관해 이야기를 나누고 그들에게 칭찬과 인정, 지지와 격려를 부탁하세요.

2) 자녀의 자긍심 향상을 위해 오늘부터 해야 할 일들을 적어 보고 지속적으로 실천하세요.

자녀에게 무조건적인 사랑을 확인시켜 주라

1. 말씀 들여다 보기

1) 에베소서 5장 1~2절 말씀엔 우리를 위한 그리스도의 사랑이 어떻게 표현되었나요?

_____

_____

2) 지금까지 여러분은 하나님께서 무조건적으로 사랑하신다고 생각했나요? 아니면 잘하고 있을 때만 사랑하시는 조건적인 사랑을 하시는 분이라고 생각했나요? 왜 그렇게 생각했나요?

_____

_____

2. 자신 들여다 보기

1) 여러분의 부모님은 여러분을 조건적으로 사랑했나요? 무조건적으로 사랑했나요? 왜 그렇게 생각하나요?

_____

2) 부모님의 그러한 사랑이 여러분에게 어떤 영향을 미쳤나요?

_____

_____

3) 여러분은 자녀를 무조건적으로 사랑했나요? 조건적으로 사랑했
   나요? 왜 그렇게 생각하나요?

_____

_____

4) 『가정 원칙』 82페이지 "사랑의 언어 찾기" 팁에서 제안한 것들에
   따르면 여러분의 사랑의 언어는 무엇이라고 생각하나요? 여러분
   의 배우자의 언어는 무엇이라고 생각되나요?

   (1) 나의 첫번째/두 번째 사랑의 언어:

   _____

   (2) 배우자의 첫번째/두 번째 사랑의 언어:

   _____

3. 자녀 들여다 보기

1) 자녀의 사랑의 언어 찾기: 『가정 원칙』 82페이지의 팁을 읽은 다
   음, 팁에서 제시한 사항들을 점검해 보고 내 자녀의 사랑의 언어
   는 무엇인지 찾아서 표시하세요.

(1) 육체적 접촉　　　(　　　　　　　)

(2) 인정하는 말　　　(　　　　　　　)

(3) 함께하는 시간　　(　　　　　　　)

(4) 선물　　　　　　(　　　　　　　)

(5) 봉사　　　　　　(　　　　　　　)

2) 어떻게 자녀와 함께하는 시간을 가질 것인지, 함께하는 시간에
   하고 싶은 활동들은 무엇인지 적어 보세요.

   예) 책 읽기, 영화나 자녀들이 좋아하는 드라마를 함께 보고 이야
   　　기 나누기 등

　　_____

　　_____

　　_____

　　_____

　　_____

4. 깨달음

이 과를 공부한 다음 새롭게 깨닫거나 배운 점은 무엇인지 나누어
보세요.

5. 적용하기

1) 매주 자녀에게, 그리고 배우자에게 '사랑의 언어로 사랑 표현하기'에 대한 실천 여부를 아래 칸에 표시해 주세요.

		월	화	수	목	금	토	일
육체적 접촉	배우자							
	자녀							
인정하는 말	배우자							
	자녀							
함께하는 시간	배우자							
	자녀							
선물	자녀							
	배우자							
봉사	자녀							
	배우자							

2) 실천했을 때 배우자의 반응은 어떠했나요?

_____

_____

3) 자녀의 반응은 어떠했나요?

_____

_____

4) 사랑의 편지나 카드를 자녀와 배우자에게 써서 전해 주세요. 편지를 받은 자녀들의 반응은 어떠했나요? 또 배우자의 반응은 어

266

떠했나요?

_____

_____

5) 말로 사랑을 표현해 보세요. 혹은 사랑한다는 말을 이메일이나
   문자로 보내 주세요. 전화할 때, 그리고 학교 갔다가 집에 돌아온
   자녀를 반갑게 맞으며 사랑한다고 말해 주세요. 혹은 손을 잡아
   주거나 등을 토닥거려 주시든지 부드럽게 안아 주세요. 그 때 자
   녀의 반응은 어떠했나요?

_____

_____

6) 『가정 원칙』 86페이지 아랫 부분에 나오는 "칭찬해 주지 못해 몸
   살난 사람처럼 칭찬거리를 찾아 칭찬해 주라"를 실천하기 위해
   자녀의행동을 잘 관찰하고 칭찬해 주었던 행동들을 써보세요.

   (1) _____

   (2) _____

   (3) _____

7) 축복기도의 중요성을 자녀에게 설명해 주고, 축복기도를 시도해
   보세요. 자녀의 반응이 어떠했나요?

| 제 4원칙 |

효과적인 훈련을 통해 자기주도적인 아이로 키워라

1. 말씀 들여다 보기

다음의 성경 구절을 찾아 써보세요.

1) 신명기 6장 4~9절

_____

_____

_____

_____

2) 잠언 13장 24절

_____

_____

_____

_____

3) 잠언 22장 15절

_____

_____

_____

_____

_____

4) 잠언 23장 13~14절

_____

_____

_____

_____

　위의 말씀을 다시 읽으며 '훈련'에 해당되는 단어를 찾아 동그라미를 표시하고 비교해 보세요. 위에서 언급한 구절들을 영어 성경으로 찾아보면 '징벌'이나 '징계' '채찍' '훈계'라는 단어들이 일반적으로 '훈련(discipline)'이나 교정하기 위한 수단으로서의 매'로 묘사되어 있음을 보게 됩니다. 이 사실을 알고 나니 기분이 어떤가요?

_____

_____

_____

_____

_____

2. 자신 들여다 보기

1) 어린 시절에 매나 벌을 받은 기억이 있나요? 그 때의 경험이 긍정적이었나요? 부정적이었나요?

_____

_____

_____

_____

2) 부모의 훈련과 나의 훈련 비교

여러분의 부모가 사용했던 훈련의 방법과 여러분이 지금 자녀에게 사용하고 있는 방법들 중 비슷한 것은 어떤 것들이며, 다른 것은 어떤 것들인가요?

    (1) 비슷한 점:

_____

_____

_____

_____

    (2) 다른 점:

_____

_____

_____

3) "훈련의 12가지 원칙" 중에서

(1) 내가 잘 실천하고 있는 원칙들은 어느 것인가?

_____

_____

_____

_____

(2) 잘못하고 있는 원칙들은 어느 것인가?

_____

_____

_____

_____

3. 자녀 들여다 보기

1) 나의 훈련법이 자녀에게 어떤 영향을 끼쳤을까요?

_____

_____

_____

_____

2) 자녀의 발달과정 평가

『가정 원칙』 109~111페이지를 참고로 하여 자녀의 발달과정에 대해 평가해 보세요.

(1) 일반적인 발달과정에 비추어 볼 때 성장이 빠르거나 더딘 영
역이있나요?

_____

_____

_____

_____

(2) 여러분 자녀만이 지니고 있는 독특한 발달 특성이 있나요? 혹
시 전문가의 도움이 필요한 영역은 없나요?

_____

_____

_____

_____

4. 깨달음

이 과를 공부한 다음 새롭게 깨닫거나 배운 점은 무엇인지 나누어
보세요.

5. 적용하기

1) 자녀의 책상 앞이나 거울 앞에 예쁜 종이에 쓴 "사랑의 쪽지"를

붙여 놓으세요.

2) 훈련의 12가지 원칙을 실천하세요.

3) 요즘 문제가 되고 있는 자녀의 행동들 가운데 한두 가지를 고른
   다음, 자녀와 함께 이 일에 대해서 이야기를 나누세요. 그 후에
   문제 해결을 위한 규칙을 자녀와 함께 정하고 이를 잘 실천할 수
   있도록 격려해 주시고, 잘한 점은 칭찬해 주세요.

인성 좋은 아이로 키우려면 좋은 습관을 길러주라

1. 말씀 들여다 보기

1) 잠언 22장 6절 말씀은 무슨 뜻인가요?

_____

_____

_____

2. 자신 들여다 보기

1) 당신은 요즘 어떤 습관을 길들이기 위해 노력하고 있나요? 좋은
   습관 길들이기가 당신에게 쉬운 일인가요? 어려운 일인가요?

_____

_____

_____

2) 여러분이 어려서부터 갖게 된 습관 중 좋은 것들이라고 생각되는
   것을 적어 보세요. 그런 습관들은 어디서 누구에게 배웠나요?

_____

_____

_____

3) 여러분 마음에 들지 않는 몸에 배인 습관은 어떤 것들이 있나요?
   그런 습관들은 어떻게 형성되었을까요?

_____

_____

_____

3. 자녀 들여다 보기

1) 요즘 자녀들에게 어떤 습관을 길러주고 있나요?

_____

_____

_____

2) 그 습관을 길러주기 위해 어떤 방법들을 사용하고 있나요? 그 방
   법들은 효과가 있었나요?

_____

_____

_____

3) 당신의 자녀에게서 발견한 재능이나 특성은 무엇인가요? 천재적

인 소질이 아니라 해도 관심이나 집중력을 보이는 영역, 유난히 재미있어 하는 활동들을 놓치지 말고 관찰한 다음, 자녀에게 이야기해 주세요. 그리고 자녀의 반응이 어떠했는지 물어 보세요.

_____

_____

_____

4. 깨달음

이 과를 공부한 다음 새롭게 깨닫거나 배운 점은 무엇인지 나누어 보세요.

5. 적용하기

1) 자녀에게 길들여진 좋은 습관들에는 어떤 것들이 있는지 관찰한 후에 이런 습관들에 대해서 칭찬하고 인정해 주세요.

_____

_____

_____

2) 자녀가 가지고 있는 특성과 재능을 살려주기 위해 부모인 당신이 하기 원하는 일은 무엇인가요?

(1) _____

(2) _____

(3) _____

3) 최근 자녀에게 길러주고 싶은 습관 3가지를 아래에 적고 습관 기
르기에 필요한 지침에 따라 실천해 보세요.

(1) _____
(2) _____
(3) _____

6. 중간 점검하기

앞 장에서 배운 내용을 다시 복습하면서 다음 페이지에 나와 있는
표에서 지속적인 실천사항을 점검해 보세요.

실천사항 점검표

『가정 원칙』 39페이지의 팁을 읽고 민주주의 스타일의 특성들 중 어떤 것들을 몸에 익히고자 노력하고 있나요?

1)『가정 원칙』 69페이지에서 건강한 자긍심을 키워주기 위한 팁 중에서 잘 실천하고 있는 것들은 무엇인가요?

2) 실천하기 어려운 사항들은 무엇인가요?

1) 어떤 방법으로 자녀에게 사랑을 표현하고 있나요?

2) 자녀에게 칭찬해 줄 일을 더 많이 찾고 있나요? 아직도 지적할 일이 먼저 보이나요?

3) 축복기도는 잘 하고 있나요? 혹시 어려운 점은 없나요?

1) 훈련의 원칙 가운데 잘 실천하고 있는 원칙들은 어떤 것들인가요?

4장

2) 실천하기 어려운 원칙은 어떤 것들인가요?

행동 교정으로 책임 있게 살아가는 자녀로 이끌어라

1. 말씀 들여다 보기

1) 잠언 29장 17절 말씀을 적어 보세요.

_____

_____

_____

2) 영어 성경은 이렇게 표현하고 있습니다. "Discipline (correct) your son, and he will give you comfort; He will also delight your soul." 영어 성경을 참고로 하여 이 구절을 이해할 때 '징계'라는말은 무슨 뜻인가요?

_____

_____

3) 그렇습니다. 우리말로는 '징계'라는 단어를 썼지만 영어로는 '훈련, 혹은 잘못된 행동을 바로잡는 것'을 말합니다. 그렇다면 이 구절에서 말하는 훈련이나 '잘못된 행동'을 교정했을 때 어떤 결

과가 생긴다고 했나요?

(1) _____

(2) _____

2. 자신 들여다 보기

1) 당신은 그동안 어떤 방식으로 자녀의 잘못된 행동을 고치려고 했
나요? 그 방법이 효과적이었나요? 아니면 그렇지 못했나요?

_____

_____

_____

2) 아이들이 부적절한 행동을 계속할 때 어떤 감정을 갖게 되나요?
그 감정을 어떤 방식으로 표현하나요?

_____

_____

_____

3)『가정 원칙』 184페이지에 정리된 훈련의 방법 중 여러분이 가장
많이 사용한 방법을 순서대로 나열해 보면 개선에 도움이 될 수
있습니다. 오른쪽 페이지에 나와 있는 표에서 왼쪽에 순서를 매
겨 보세요.

당신이 주로 사용하는 순서	훈련의 방법
	의사소통
	보상
	논리적 결과
	자연적 결과
	타임아웃
	무시/소멸
	특권 박탈
	매나 벌

3. 자녀 들여다 보기

1) 당신이 부적절한 방법으로 자녀의 잘못된 행동을 고치려 했다면 아이는 어떤 영향을 받았을까요? 부적절한 방법을 사용했다면 당신과 자녀 사이의 관계는 어떠할 것이라고 생각하나요?

_____

_____

2) 『가정 원칙』 164~166페이지에 나오는 "부적절한 행동을 잘못 다루었을 때의 결과"에 대해 어떻게 생각하나요?

_____

3) 부적절한 행동의 원인과 대처 방안 찾기

요즘 여러분에게 거슬리는 자녀의 부적절한 행동을 두세 가지를 관찰해 보고 그 행동의 원인이 무엇인지 『가정 원칙』 173페이지의 표를 참고하면서 적어 보세요. 그 원인을 없애주기 위해 부모는 어떤 대체 방안을 찾아야 할까요?

부적절한 행동의 예	원인과 목적	바른 대처 방안

4) 나–메시지(I Message)연습하기

『가정 원칙』 179페이지의 '나–메시지'로 바꾸기 4단계를 참고로 해서 다음에 나오는 '너–메시지'를 '나–메시지'로 바꿔 보세요.

(1) "이 거짓말쟁이! 너 또 거짓말하는구나? 엄마가 모를 줄 아니? 어디서 배워 먹은 버릇이야? 아이고 속상해서 못살겠네."

_____

_____

_____

(2) "너 도대체 생각이 있는 애야, 없는 애야? 공부는 언제하려고 하
   루종일 컴퓨터 앞에만 앉아 있어? 너만 보면 정말 열불이 난다.
   열불이 난다니까."

_____

_____

_____

(3) "너, 엄마 말이 우습게 들려? 지금까지 몇 번을 말했는데 아직도
   방 청소를 안 하다니? 게을러 빠진 애 같으니라구. 아이고 속터
   져 못살겠네."

_____

_____

_____

(4) "너 아직도 학교 갈 준비를 안 했어? 도대체 지금이 몇 신데 거
   울 앞에서 그 모양이야? 학생이면 공부에 신경을 써야지, 멋이
   나 부리고 있고 … 한심하기 짝이 없네."

_____

_____

_____

4. 깨달음

이 과를 공부한 다음, 새롭게 깨닫거나 배운 점은 무엇인지 나누어 보세요.

5. 적용하기

1) 나–메시지를 자녀에게 뿐 아니라 여러분의 배우자에게도 실천해 보세요. 그리고 다른 사람과의 관계에서도 사용해 보시고 어떤 변화가 일어나는지 관찰해 보세요.

_____

_____

_____

2) 자녀와 함께 이야기하기

(1   )

부모인 여러분이 잘못된 행동을 고쳐 주려고 꾸중하거나 잔소리 하거나 벌 줄 때 어떤 기분이 들었는지, 그리고 어떤 생각이 들었는지 이야기하는 시간을 가져 보세요. 그리고 자녀와 나눈 이야기의 내용을 간략하게 적어 보세요.

_____

_____

_____

(2) 앞으로 이 일에 관해 어떻게 했으면 좋을지 자녀의 생각을 물어보세요. 그리고 자녀와 함께 해결책을 찾아 보세요.

_____

_____

_____

(3) 여러분이 사용했던 방법들이 자녀에게 상처나 분노를 안겨 주었다면 잘못을 인정하고 용서를 구하세요.

모범을 통한 교육으로 부모의 삶과 신앙을 전수하라

1. 말씀 들여다 보기

1) 디모데후서 1장 5절

_____

_____

_____

2) 여호수아 24장 15절

_____

_____

_____

3) 에스겔 16장 44절

_____

_____

_____

4) 위의 구절들에서 이야기하는 공통의 주제는 무엇인가요?

_____

_____

2. 자신 들여다 보기

1) 여러분의 생애 가운데 모범을 보여준 사람은 누구인가요? 어떤
모범을 보여주었나요?

_____

_____

2) 여러분 자신이 싫어하는 행동들을 자녀가 똑같이 따라하는 것을
본 적이 있나요? 그 때 어떤 생각이 들었나요?

_____

_____

3) 부모로서 본을 보이는 데 한계가 있다면 그것은 무엇일까요?

_____

_____

4) 자신의 삶과 모범을 통해 자녀에게 무엇을 가르치길 원하나요?

_____

_____

5) 여러분이 원하는 가치관을 심어주기 전에 다음 사항들을 점검해 보세요. 자녀에게기대하는 바와 당신의 행동 사이에 일관성 없는 활동이나 관심 분야는 없는지 확인해 보세요. 만약 여러분은 편식을 하면서 자녀에게 균형잡힌 음식 섭취를 권하고, 여러분은 운동을 하지 않으면서 자녀에게 운동을 권하거나, 신앙생활은 제대로 하지 않으면서 자녀들에게 신앙생활에 열심을 내기 원하는 것은 별로 설득력이 없습니다. 기대와 여러분 자신의 행동이 상충되면 'X' 표를 하시고 일치하면 'O' 표로 체크해 보세요.

활동들	자녀에게 기대하는 것	여러분 자신의 행동
식생활 습관		
과제		
운동/레크리에이션		
교회 출석/신앙생활		
집안일		
형제 간의 관계		
친구 관계		
돈 씀씀이		
책임감		
운전 습관		

3. 자녀 들여다 보기

1) 요즈음 당신의 자녀가 가장 영향력을 많이 받고 있는 사람은 누구라고 생각하나요? 어떤 영향을 받고 있나요?

_____

_____

_____

2) 요즘 자녀가 공부하는 것 외에 가장 많은 시간을 보내고 있는 활동은 무엇인지 적어 보세요.

_____

_____

_____

4. 깨달음

이 과를 공부한 다음 새롭게 깨닫거나 배운 점은 무엇인지 서로 나누어 보세요.

5. 적용하기

1) 자녀들의 삶에 지대한 영향을 미치는 매스미디어-TV, 컴퓨터, 스마트폰, 게임-에 대해 생각해 봅시다. 자녀들이 미디어로부터 긍정적인 영향을 더 많이 받고 있는지, 혹은 부정적인 영향을 더 받고 있는지 관찰한 후에 아래 빈칸에 여러분이 생각하는 영향력

들을 적어 보세요.

2) 또한 자녀와 함께 미디어의 영향력에 대해 이야기를 나눈 다음,
긍정적인 영향과 부정적인 영향에 대해 서로가 생각한 바도 적어
보세요.

미디어	긍정적인 영향	부정적인 영향
TV		
컴퓨터/ 스마트폰		
드라마/동영상		
게임		

3) 미디어의 부정적인 영향을 최소화하고 긍정적인 영향을 최대화
할 수 있는 구체적인 방안을 생각해 아래에 적어 보세요.
(1) _____
(2) _____

| 제 8원칙 |

즐거운 가족 시간을 통해 천국을 경험케 하라

1. 말씀 들여다 보기

1) 잠언 15장 17절

_____

_____

_____

2) 잠언 17장 1절

_____

_____

_____

3) 위의 두 구절과 8원칙에서 말하는 '집의 울타리'와는 어떤 연관이
   있을까요?

_____

_____

_____

2. 자신 들여다 보기

1) 여러분은 어린 시절 부모와 함께 예배를 드린 경험이 있나요? 그 경험이 긍정적이었는지, 혹은 그렇지 못했는지 생각해 보세요.

_____

_____

2) 요즈음 자녀와 함께 가정예배나 가족 시간을 갖고 있나요?

_____

_____

3) 가정예배를 드리고 있다면 여러분이 만족할 만한 예배인가요? 자녀들은 가정예배에 대해서 어떻게 생각할까요?

_____

_____

4) 당신의 가족들이 함께 모이면 무슨 활동을 하나요? 식구들이 그런 활동들로 만족을 하고 있나요? 혹시 개선이 필요하다고 생각되는 부분은 없나요?

_____

_____

_____

3. 자녀 들여다 보기

1) 아이들에게 우리 가정에 대해 이야기해 보라면 뭐라고 대답할까
요? 그들은 "우리 가정을 즐겁고 편안하며 사랑이 있는 곳"이라
고 말할까요?

_____

_____

2) 자녀들이 가정예배나 가족 시간을 갖는 것에 대해 어떻게 생각하
나요?

_____

_____

3) 아이들이 좋아하는 예배가 되도록 개선해야 할 부분이 있는지
『가정 원칙』 225~231페이지를 읽으며 생각해 보세요.

_____

_____

_____

4. 깨달음

이 과를 공부한 다음 새롭게 깨닫거나 배운 점은 무엇인지 나누어
보세요.

5. 적용하기

1) 주간 가족회 계획하기

앞으로 한 달 간을 미리 생각해 보며 주간 가족회 계획표를 작성해 보세요. 가족들 한 사람, 한 사람을 생각해 보면서, 그리고 한 달 동안

주간 가족회

	첫째 주	둘째 주	세째 주	네째 주
평가 (긍정적인 면 먼저, 개선이 필요한 점은 나중에)				
축하 누구를 무엇 때문에 축하하는가?				
레크리에이션 자녀들이 좋아하는 활동이나 게임				
예측 다가올 한 주간에 있을 일들				
준비 함께 모였을 때 준비할 일이 무엇인가?				

가정에서 일어날 일들, 자녀들의 학교생활, 가정생활 등을 미리 내다보며 작성합니다. 아직 일어나지 않은 일(평가나 예측)이지만 상상력을 동원해서 월별 주간 가족회를 계획해 보세요.

2) 자녀와 함께 나누기
가정예배와 주간 가족회를 갖기 위해 부모가 이 일의 중요성을 설명해 준 다음, 앞으로 어떻게 할 계획인지 미리 자녀에게 알려 주세요. 또 자녀들의 적극적인 참여와 도움이 필요하다고 이야기해 주세요.

3) 가정예배와 가족 시간 평가하기
여러분 가정 형편에 맞게 자녀와 함께 가정예배를 드리고, 가족 시간도 가져 보세요. 그리고 결과가 어떠했는지 평가해 보세요. 혹시 실천할 수 없었다면 애로사항이 무엇이었는지 나누어 보세요.

1. 소감문을 나누세요

8주 간의 변화의 경험–자신의 변화, 배우자나 가족의 변화, 그리고
자녀의 변화–에 대해 그룹원들과 함께 이야기를 나누세요.

2. 함께 결단하고 계획해 봅시다

1) 가족 관계의 성장을 위한 공부를 계속하기로 결단해요.

2) 이 과정을 마치고 어떻게 하면 『가정 원칙』에서 배운 내용을 지속
적으로 실천할 수 있을 것인지 실천 계획을 적어 보세요.

_____

_____

3. 축하 파티를 열어요

미리 준비한 수료증을 수여하고 함께 변화와 성장을 한 그룹원들을
축하해 주세요. 잘 참석하고, 숙제를 잘하고, 열심히 노력한 그룹원들
에게 아낌없는 칭찬과 격려를 해주세요. 특별히 수고한 그룹 리더에게
도 감사를 표하는 카드나 선물을 준비하면 금상첨화겠지요?